一生楽しく浪費するためのお金の話

劇団雌猫×篠田尚子

イースト・プレス

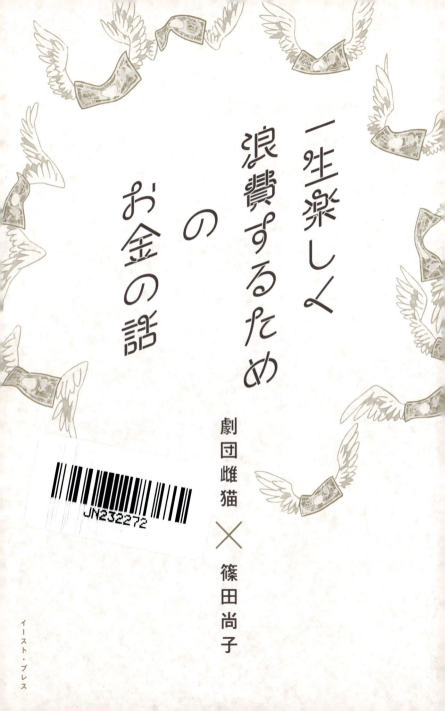

一生楽しく浪費するためのお金の話

はじめに

劇団雌猫

この本を手にとってくださった方は、多かれ少なかれ浪費家――つまり「お金を使うこと自体が好き」な人だと思います。街で見かけた洋服やコスメを衝動買いしたり、気のおけない友人との海外旅行で散財したり、同じアイドルのCDを何枚も買ったり、ちょっといい食事に数回行けるような額を一瞬でガチャったり。

他人から見たら「そんなことに？」と思われる可能性は十分ありますが、自分が納得したものに気持ちよく対価を差し出すのは最高に楽しくうれしいことですよね。幸せはお金で買える！　最高！　ハッピー！　ありがとう！

その気持ちは心の底から真実なのですが、ふとした瞬間に「このままでいいのかな」と思ったりしませんか？　今は楽しい。それは本当。でもこのまままこんな生活を続けていったとして、10年後、20年後もこれでいいんだろうか……？

私たち劇団雌猫も、それぞれ違うオタク趣味、そして浪費癖を持つ4人のアラサー女子です。時にクレジットカードの請求額に怯《おび》えながら、時にアドレナリン全開で推しにお金を突っ込みながら、日々そこそこ幸せに生きてきましたが、気づけばもう結構いい大人です。このへんでいったんお金とのつきあい方、人生計画について、もうちょっとリアルに考えた方がいいんじゃないか……なんて思い始めたところです。でも、何から始めたらいいんだ？ いざ立ち止まって考えてみたものの、最初の最初がまずわからない！

「貯金が趣味です」なんて口が裂けても言えない。思えば子どもの頃もおこづかい帳がまともにつけられなかった。趣味や娯楽に使うお金は絶対に死守したい。

そんなあなたと一緒にゼロから考えたい、「一生楽しく浪費し続けるためのお金の話」、スタートです。

――ある夜の居酒屋、劇団雌猫の秘密の会合

それぞれ異なるオタク趣味をもつ劇団雌猫の4人。久しぶりに会って近況報告してみると、あいかわらず楽しく幸せに浪費しているようで……。

もぐもぐ　みんな集まったね、今日は早い！

かん　なんてったって給料日だからね！　来月は推しのK－POPアイドルの韓国遠征で休みがちになるだろうから、早め早めに仕事を終わらせました。チケットも押さえたし飛行機もホテルも確保したし、アルバムも聴き込んで去年のツアーDVDも見まくって準備万端!!

もぐもぐ　えらい！　私は宝塚の好きな組の公演中だったから兵庫の大劇場まで行ってきたよ～。往復新幹線分の交通費のもとは十分とった。幸せだった……♡

ひらりさ　私はヨーロッパ旅行で散財しちゃった。旅行中ってテンション上がってコスメも雑貨もめちゃくちゃ買っちゃわない？　タガが外れる！

かん　みんなと会うと常にガンガンお金使ってるから元気出てよい（笑）。

ユッケ　ようやく給料日、ほんとにうれしすぎる！　口座残高を確認して震える日々がようやく終わったよ、今回は本当にダメかと思った……。

ひらりさ　え、そこまで？　何があったの？

ユッケ　ジャニーズのコンサートと推しの2・5次元舞台のスケジュールが完全に重なってしまって出費が！　タイミング悪く、年に1度のファンクラブの更新もいくつかあって払わざるを得ず……足りるか不安すぎて、最後の週は食事抜いてたからね。

もぐもぐ　そんなに!?　身を削りすぎでは。

ユッケ　今回は久しぶりにガチだった。来月は見られないと思うと無理しちゃったよ。

かん　お金がない月に限って通いたい舞台ができちゃう法則、あるよね。

もぐもぐ　わかる～。最初はチケット1枚だったはずなのに、いつのまにか増えてる。

ひらりさ　「いつのまにか」ね（笑）。記憶から消えているやつ。

もぐもぐ　クレカの請求見て「これ何のお金!?」ってなるパターンだ！　不正利用!?　と思ったら全部先月の自分のやつ。

かん　「ちりつも」どころじゃない高額出費。

ユッケ　……いやでも、実際みんな、お金の管理ってどうしてるの？　私、目の前に楽しいことがあると我慢できなくて際限なく使っちゃうんだけど。

かん　使っちゃうよね、オタクごとには「またいつか」なんてないから……。

ひらりさ　「いつまでもいると思うな親と推し」……。

もぐもぐ　私は給料から天引きして口座分けるのをようやく始めた。もう自力で貯金するのは無理だって諦めた！

ひらりさ　私は将来が不安で株を始めてみたけど、まぁそんな簡単には儲《もう》からないよね。

ユッケ　むむむ、みんな**宵越しの銭は持たないブッコミ系浪費女かと思ったら意外に考えてるの？**

かん　いや、ごめん、私も何もやってない……。でも、お金と将来について、漠然とした不安だけはずっとある。

もぐもぐ　うんうん。推しに気持ちよくお金を使う生活、今はめっちゃ楽しいじゃん？　でも20年後までこの自転車操業でいいのかなって思うと……。

ひらりさ　私たちも、もうアラサーだしね。将来のために何かしたほうがいいのかな？　って気持ちだけあって、何したらいいかわからない。

ユッケ　ぶっちゃけ、雑誌で貯金の特集とか見ても参考にならなくない？

もぐもぐ　「まずは娯楽費を見直しましょう！」ってやつね。

かん　そう！　**それができたらオタクになってないからな!?**　で、終わる（笑）。

ユッケ　すごくわかる（笑）。そのパターン、年に4回くらいやってるわ。

ひらりさ　「老後の資金は目標3000万円」とかも全然ピンとこないよね。

もぐもぐ　新大阪まで往復新幹線3万円だから、1000回分か。

かん　10連ガチャだと1万回分ですね。

ひらりさ　……その換算、もはやなんか意味ある？

かん　それだけお金があればめっちゃ幸せになれることがわかる！

ユッケ　貯金する理由がなくなってむしろ逆効果！

かん　でも笑いごとじゃなくて、**そういう身近なものでしかお金のことって考えられなくない？**

ユッケ　**実際どのくらい貯《た》めたら安心していいか**知りたい。まぁ、貯められるかは別問題として……。

もぐもぐ　貯金以外にも、資産運用とか副業で稼ぐとか、ちゃんと考えた方がいいのかな？　**「知っておくべきポイント」**が全然わからないよ〜。

かん　年金もどれだけもらえるか不安だし。

ひらりさ　私はそもそも65歳まで生きてる自信がない！

ユッケ　来年の自分が何してるかも不明なのに遠すぎるよね、老後なんて。これから結婚するかも一生独身かもわからないし。

ひらりさ　ずっと楽しくオタクしていたいし、野垂れ死にたくないよ！

もぐもぐ　**楽しく浪費し続けるための不真面目ファイナンスプラン**、必要すぎる。

ユッケ　誰か教えてくれないかな〜〜。

？？　あの、隣でお話聞こえていたんですけど、**みなさんの悩み、もう少し詳しく聞かせてもらってもいいですか？**

かん　え！　ど、どなたですか？

？？　まさしく私**「浪費家のファイナンシャルプランナー」**なんです……！

ファイナンシャルプランナー
篠田尚子《しのだしょうこ》

楽天証券経済研究所ファンドアナリスト。AFP（日本FP協会認定）。

銀行にて資産運用相談業務、投信評価会社にて投資信託の評価分析、市場調査などのアナリスト業務に従事した後、現職。

新聞やマネー誌など各種メディアで投資信託についての多くのコメントを手がけるほか、投資教育にも積極的に取り組む。

慶應義塾大学卒。早稲田大学大学院ファイナンス研究科修了。

ひらりさ　浪費家のファイナンシャルプランナー……って正反対じゃないですか！

篠田　こういうタイプもいるんです（笑）。金融の仕事をしていますが、**根っからの現場主義で浪費家**。プロ野球観戦、ライブ・フェス・コンサート参戦、舞台観劇を何よりの生きがいにしています！

ユッケ　完全に〝こちら側〟の方……ですか……？

篠田　20代の頃はコンサート遠征で夜行バス&全ステも余裕でした。若かったな〜、さすがにいまは厳しいですが……（遠い目）。ちなみに、いま一番ハマってるのはメジャーリーグです。

もぐもぐ　メジャーリーグ!?　プロ野球でも高校野球でもなく！

篠田　はい！　推しの球団や選手がいるというよりは、球場オタクなんです。球場って、それぞれ特徴がたくさんあるんですよ〜。単にエンターテインメント的な面白さだけでなく、試合結果にも影響を及ぼすので試合の見方も変わります。野球オタクとしてはこの目で確認したいんですよね。現地まで行くと当然、遠征費、というかアメリカまでの渡航費がかかっちゃうんですが楽しくて。二〇一六年はボストン・レッドソックス、二〇一七年はニューヨーク・ヤンキース、最近は行けていないのでそろそろエンゼルスの大谷選手を観に行こうと……。

かん　も、もう十分です！　めっちゃわかりました！　お仲間だってことは!!

篠田　はっ、すみませんつい夢中に……。とにかく、そんな私でも資産運用やっていますから、絶対に大丈夫です。**浪費女さんも、バッチリ備えられるんですよ!!!!**

もぐもぐ　お姉さんに言われるとめちゃくちゃ説得力が……。でも、巷《ちまた》のそういう本だと「浪費は敵」じゃないですか！　私たち自慢じゃないけど、貯めるより使うほうが100倍得意ですよ！

篠田　そんなことはないですよ。むしろ、**お金を使うということに、過度に後ろめたさを感じないでほしい**と思います。日ごろからお金を使う人は、その価値や尊さをよくわかっています。たとえば、先ほどのみなさんの会話にも、遠征時の交通費やホテル代の話が出ていましたよね？　いくらくらいなら妥当な水準か、瞬時に判断して、切符を買ったり、部屋を押さえたりしていると思います。

ユッケ　それはたしかに。言われてみれば、オタ活のおかげで会社の出張の手配が人よりスムーズにできるところ、ありますね……。

篠田　そう、そんな感じです。特に目的もなくひたすら貯め込む人の方が、適正な水準がわからず無駄な出費をすることがあります。だから私は、**『使う人は貯められる』**と思っています。

かんし、信じていいんですか!? まずは何からすればいいの?

篠田　まずは、**「健やかな浪費生活のための3つの鉄則」**を学ぶこと!

ひらりさ　鉄則……? なんですか、この3つ?

篠田　**鉄則1　自分が使うお金は自分で稼ぐ。**つまり、働き続ける意識を持つことです。働くことは単にお給料を稼ぐという意味だけでなく、実は広く将来の自分を支えることにもつながっているんですよ。

もぐもぐ　そうなんだ? まだいまいちピンとこないけど……。鉄則2はなんですか?

篠田　**鉄則2　使える国の制度は徹底的に使い倒す。**安心して老後を迎えるために、NISAやiDeCo(確定拠出年金)をフル活用して今から「貯めて・増やす」仕組みを作っておきましょう。貯金に必要なのは節約ではありません、仕組み作りです!

ユッケ　何度も貯金に挫折してきた身にはしみる言葉!

篠田　そして、**鉄則3　いざという時の備えは3段階で。**病気やケガで突然働けなくなるような緊急事態は誰にでもありえます。生活費のため泣く泣くオタクコレクションを売り払う……なんてことにならないように、元気なうちから預金、保険、年金の3段階で準備しておきましょう。

かん　貯めたい気持ちはもちろんあるんですが、そもそも毎月のお金の使い方すらちゃんと把握できていないのが現状です……。

篠田　でしたらまずは、支出をざっくり書き出して、何にどれだけ使っているのか客観的に整理してみましょう。あ、もちろん、「この無駄なお金、減らせますよね？」とつっつくためではないので安心してくださいね。

ひらりさ　書き出すと言われても……。どうやって整理すればいいいんでしょうか？

健やかな浪費生活3つの鉄則

鉄則1　自分が使うお金は自分で稼ぐ

鉄則2　使える国の制度は徹底的に使い倒す

鉄則3　いざという時のための備えは3段階で

篠田　ひとことで「浪費」といっても、実は支出にはいろんなパターンがあります。まずは、左の**浪費生活の主な支出パターン**（**図1**）を見て、日ごろの自分の浪費生活を振り返ってみてください。旅行は**「単発&臨時の出費」**、ファンクラブの更新は**「一定周期で確実にかかる費用」**などなど。左の例では**「イベント毎の不確定な費用」**が多くなっていますね！

かん　ふんふん、これくらいざっくり分類ならなんとかできそうです。でも先生、これができたところで使うお金が減るわけではないと思うのですが……。

篠田　はい。ただ分類しただけではダメです。この分類は、みなさんにとって**「譲れない」、または「削りたくない」出費がどれかを把握するためのもの**です。浪費家が、ただ漠然と出費全体を減らそうと思っても難しい。であれば、**削りたくない出費に優先順位をつけて、ほかを見直すなり、できることから始めればいい**んです。

もぐもぐ　心強い言葉、やる気が出てきた……！　先生、私たちの友だちにも悩める浪費家がたくさんいるんです。何から勉強すればいいか、教えてください！

篠田　まかせてください。私自身も実践している、**浪費生活を続けながら、貯めて、さらに増やす方法**をお教えします！

図1　浪費生活の主な支出パターン

一定周期で確実にかかる費用

年間を通してある程度固定された額がかかる出費
（例）ファンクラブ、月額制コンテンツ、クレジットカードの会費類など

イベント毎の不確定な費用

毎年出費する予想はついているが金額が不確定な出費
（例）ライブなどのチケット類、CD·DVD類、遠征時の交通費·宿泊費など

単発＆臨時の出費

思わぬイベントや、事故·故障などで想定外にかかった出費
（例）HDレコーダーの買い替え、海外遠征、うちわ等の装備一新など

※あくまで**自分の支出を見直すため**なので、何がどの費用にあたるかは自己判断でOK!

年間支出パターン図（例）

一定周期で確実にかかる費用

ファンクラブ会費	4,000円
月額制コンテンツ	18,000円
スポーツジム	96,000円
クレジットカード（複数）	2,000円

計 120,000円

単発＆臨時の出費

『おっさんずラブ』のBlu-ray BOX	23,500円
Blu-rayレコーダー	70,000円
服（イベント用に購入）	20,000円
推しに会うための美容代	150,000円

計 263,500円

イベント毎の不確定な費用

チケット代	157,000円
交通費	118,500円
宿泊費	3,000円
CD·グッズ·漫画代	34,500円
推しへの貢ぎ物	20,000円

計 333,000円

その他の例→P093〜

もくじ

第1章 健やかな浪費生活の3つの鉄則

第2章 悩める浪費女の大問答

第3章

増やせるもんなら増やしたい！「資産運用沼」をもっと知る

第1章

健やかな浪費生活の3つの鉄則

老後に必要な資金は3000万円!?って無理ゲーなんですけど……。先生は「浪費しながらでも、十分に老後に備えられます」って言うけど、いったい何から始めればいいんですか!?　給与明細の見方から、オススメの資産運用まで。20年後に後悔しないための知識ゼロからのお金の話、はじまりです!

鉄則1 自分が使うお金は自分で稼ぐ

まずは、**「自分が使うお金は自分で稼ぐ」**！　出産や病気などの事情で一時的に休んだり、ペースを落としたとしても**「働き続ける」意思を持つ**のが大切です。

その上で、**健康保険や年金など、社会保障の仕組みを理解する**こと。効率よくお金を貯めるためには、自分が置かれている状況をきちんと把握することが重要です。

鉄則1で学ぶこと

マネープランの第一歩！　お金の仕組みを知る

自分のことは自分でやるってことですか？　そもそもこれからの人生、結局いくら必要なんだろう？　ぶっちゃけ老後は超不安です。

そもそも浪費女子であるかどうかに関係なく、女性がマネープランを考える際は、**平均寿命の長さと、急なライフプラン変更への対応**という2大要素を考慮に入れる必要があります。
この、急なライフプランの変更には、たとえば結婚などが含まれます。そして、女性の平均寿命は男性より約6年長い87歳（厚生労働省、2017年）。仮に60歳まで働いたとしても……。

30年近く「老後」があるってことか！　アラサーにとっては、生まれてから今までの時間と同じくらいですね。

そう、結構長いでしょ。安心するためには**「自分が使うお金は自分で稼ぐ」これに尽きます。**
結婚しても、自分が稼いだお金で、パートナーに後ろめたさを感じることなく、堂々と浪費生活を送ればいいのです。

「結婚しないで生きていくぞ！」と決意していたとしても、ライフプラン変更に備えておいた方がいいんですか？

ライフプランの変更は結婚だけに限りません。たとえば病気療養や親族の介護など、自分の意思とは関係なく、急なライフプランの変更を迫られることもあります。一方、結婚していても、何らかの理由で離婚する可能性だって……。

そ、そうですね……！　病気や介護は、これからますます現実味が出てきそう。

結局のところ、いつ何が起こるかは誰にもわからないので、何ごとも決めつけないほうが賢明です。**ライフイベントに左右されることなく浪費生活を送りたいなら、働き続けるという意識を持ちましょう**。自分で稼ぐ力がある、つまり、所得があるということは、**社会的な信用**にも繋《つな》がります。

社会的な信用って、たとえば？

社会的信用力がない（または低い）と、支払能力がないとみなされて、ローンを組むことが極めて難しくなります。クレジットカードが持てなくなる可能性も十分にありますよ。飛行機のチケットにホテル予約……オタクにとって、カードが使えなくなるというのは死活問題だと思います。

ぎゃー！　それは困ります!!　社会的信用、大事じゃん！

さて、ここからが本題。私たちの浪費生活の土台となるのが、労働の対価として受け取る**お給料（賃金）**です。みなさんは、毎月受け取る**「給与明細書」**って、ちゃんと見たことありますか？

税金とか社会保険料とかいろいろ引かれてるのは知ってるけど……「結局、手取りはいくら？」しか見てません！

ですよね（笑）。実は、**お給料の仕組みを理解することこそが、マネープランの第一歩**です。まずは、民間企業の会社員のものを例に、給与明細書の見方をおさらいしましょう。

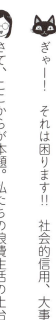

現状把握！　給与明細書、ちゃんと見てる？

ええっ、手っ取り早く貯まる方法が知りたかったのに！　そもそも給与明細書の見方がわかったところでお金は増えないと思うのですが……。

「なんとなく差し引かれている」お金の正体がわからないと、なんだか気持ち悪いですよね……？　効率よくお金を貯めていきたいなら、**まずは自分が置かれている状況をきちんと把握することが重要**です。

……でも、知ったら知ったで憎くなりそう。

いやいや、それぞれ大事な役割があるんですよ！　給与明細書は、会社によって若干のレイアウトの違いはありますが、**①勤怠、②支給、③控除**という、3つのブロックによって構成されています（**図2**）。

図2　給与明細書の見方

給与明細書

氏名 所属	社員NO.	所属	氏名

❶	出勤日数	休日出勤	欠勤日数	遅刻早退	有給休暇		
勤怠	20	0	0	0	0		
	勤務時間	普通残業	深夜残業	休日出勤	休日深夜		
	168.00	0	0	0	0		

❷	基本給	役職手当	家族手当	住宅手当			
支給	150,000	20,000					
	時間外手当	休日出勤手当		通勤非課税	課税計	非課税計	総支給額
				4,100	170,000	4,100	174,100

❸	健康保険	厚生年金	雇用保険	社会保険合計	課税対象額		
控除	8,910	16,470	525	25,905	144,095		
	所得税	住民税			控除合計	差引支給額	
	2,860	4,000			32,765	141,335	

「今」と「将来」の自分を自動的に守ってくれる国の保険（=社会保険）

①勤怠…どれくらいの時間働いたか。
勤務日数や残業時間など勤務の実態のこと。

②支給…支払われるお金のこと。
基本給以外にも、残業手当や休日出勤手当、その他、会社が独自に設けている各種手当もここに記載される。

③控除…②の支給から差し引かれる金額。
まず、社会保険料（健康保険、厚生年金、雇用保険、40歳以上は介護保険）が控除され、課税対象額が算出される。この課税対象額に対して算出された税金（所得税と住民税）が控除され、最終的な手取り額＝差引支給額が決まる。

②から③を引いたものが手取りですかね？　あ、わかった、この「控除」を抑える裏技があったりするんですか？

税金を納めることは国民の義務ですから、払いたくないとゴネたところでどうしようもありません。

ごめんなさい、言ってみただけです。

ただ、厚生年金や健康保険などの社会保険料は雇用形態によるので、フリーランスの方にはないものですね。

ってことは、そこは減らせる!?　会社員として働いているだけでこんなにいろいろ引かれちゃうなら、フリーランスの方がオトクだったりするんですか……？

いや、**健康保険や年金といった社会保障の仕組みを十分に理解しないままフリーに転身するのはとても危険**ですよ。

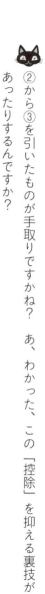

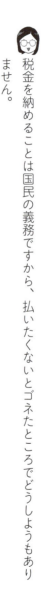

そうなんだ!?

なぜなら、社会保険料を納めることによって得られる一定の保障は、**今と将来の自分を自動的に守ってくれるものであり、会社員はとくに手厚い保障に守られているから**です。

会社員はとくに……？　正直全然ピンとこないです。

普段はあまり意識していないかもしれませんが、実は私たちはすでにその恩恵にあずかっているんですよ。あらためて、給与明細書に記載されている「控除」の中の、**健康保険、厚生年金、雇用保険**について、もう少し詳しく見てみましょうか。

給与明細書はここだけ押さえる！【健康保険】

健康保険
業務外のケガや病気が原因で治療を受けるとき、治療のために会社を休むとき、あるいは、妊娠、出産するときなどに、勤務先で加入する健康保険組合から、必要な医療費や手当金の給付を受けられる制度。

これはなんとなくわかります！　病院で保険証を見せたら安くなる、とか。

そうそう。病院にかかったときや、調剤薬局で薬を処方してもらうとき、保険証を提示するのは、窓口での自己負担額を3割に抑えられるからですね。

ほかにも役立つ場面ってあるんですか？

一番わかりやすいのは、病気やケガの治療で会社を休まないといけなくなったとき。長期療養が必要になったときは最長で1年6カ月にわたり、**傷病手当金**として、健康保険組合から

お給料の約3分の2の額が支払われます。

もし事故にあって働けなくなったとしても、それなりにお金はもらえるんですね。

長期療養以外でも、1カ月の医療費が自己負担の上限を超えた場合、超えた金額を払い戻せる**高額療養費制度**もあります。出産に関する各種手当金も健康保険から支払われます。

思ったより身近で大事な存在ですね。じゃあ、健康保険は許しましょう。

え、えらそう……。

健康保険……フリーランス・自営業者の場合

市区町村で国民健康保険の加入が義務づけられている。医療費の一部、高額療養費、出産育児一時金は国民健康保険でも給付を受けられるが、**傷病手当金と、出産手当金（産前産後休暇中にお給料の約3分の2の額を受け取れる）の支給はない。**働けないときのために、別途民間保険などで備えたい。

給与明細書はここだけ押さえる！【厚生年金】

厚生年金
老後のための所得保障（老齢年金）と、障がいの状態になったときの生活保障（障害年金）の双方の役割を担う制度。

年金かぁ。私たちの世代は受け取れない、みたいな噂《うわさ》もありませんか？

今の試算だと受け取れないことはないですが、**受け取る年齢が遅くなる可能性はある**かもしれません。それに、一般的に年金というと「老齢年金」をイメージしますが、実はそれだけじゃないんです。不慮の事故で障がいを負ったとき、一生涯にわたって一定の生活保障をしてくれるのもまた年金なんですよ。

へぇ〜！　頼りになるなぁ。

日本では、20歳以上60歳未満の人はすべて国民年金（基礎年金）の加入が義務づけられています。会社員や公務員は、勤務先で厚生年金に加入することで、自動的に国民年金にも加入しています。ちなみに、厚生年金保険料の半分は会社が払ってくれているんですよ。

会社員だったら、自動的に両方の年金に加入しているってことですね。しかも会社が半額出してくれるなんて……。あ、それが**「会社員は保障が手厚い」**の意味ですか？

そうですね。言い方を変えると、フリーランスや自営業者は**国民年金のみ**ということになります。

厚生年金……フリーランス・自営業者の場合

会社員と比べて、将来的に金銭面で最も大きな開きが出る年金。自営業者は国民年金のみの加入なので、負担する年金保険料は定額（平成30年度は1万6340円）で、一般的に会社員よりも低く、**将来受け取れる年金額も小さい。**こうした差を埋めるために、国民年金に上乗せする**付加年金**や、**国民年金基金**といった、＋αで加入できる年金制度が用意されている。

フリーランスだと、もらえる年金が少なくなっちゃうんだ！　その分、貯金しなきゃいけないってこと？

そうですね、**年金に加えて貯金で備えるというのが理想です。**繰り返しになりますが、**年金制度は、いざというときにみなさんを守ってくれる大切な社会のしくみ**です。今は元気に仕事ができていても、病気になって高額の治療費が必要になるかもしれませんよね。

最近「健康、大事だな」って本気で思うようになってきた私たちには、身にしみすぎる言葉です。

そうそう。貯金だけでこうした万が一の出費をまかなうのはとても大変ですから。

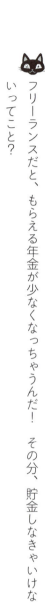

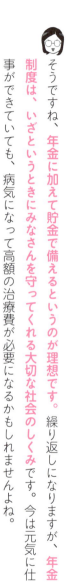

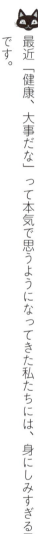

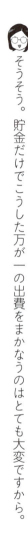

給与明細書はここだけ押さえる！【雇用保険】

雇用保険
1週間あたりの所定労働時間が20時間以上ある会社員が、何らかの事情で失業したときの支援のほか、働きながら安定した生活を送るための各種支援を行う制度。

健康保険や厚生年金で引かれる金額に比べて、雇用保険は金額が小さいですね（**図3**）。

それは、みなさんの勤務先である会社が保険料のほとんどを負担しているからです。

また会社が負担してくれてる！　雇用保険はどういうときに役立つんですか？

最もよく知られているのは、働く意思がありながら仕事に就くことができない場合に支払われる**失業手当**ですね。働くみなさんを支援するための制度として**教育訓練給付金**というものもあります。みなさん、K―POP好きですか？

図3　雇用保険

	健康保険	厚生年金	雇用保険
控除	8,910	16,470	525

（円）

好きです！　TWICEもBTSもよく聴く！

韓国語の歌詞や本人たちの話していることがわかったら、きっともっと楽しめますよね？　教育訓練給付金は、語学や資格取得にかかる費用の一部を支援する仕組み。「K－POPが好きだから韓国語を勉強したい！」もOKです。

ええっ、そんなオタクにうれしい制度が。

ちょっとレアなところだと、着物コンサルタントやワインソムリエなども対象講座になっています。おもしろそうでしょ？

楽しそう〜！　雇用保険、やるじゃん！

雇用保険には、ほかにも、育児や介護で長期のお休みをしたときに、お給料の3分の2を受け取れる制度（**育児休業給付金**・**介護休業給付金**）もありますよ。身の回りの人の介護に向き合うときは、ぜひ確認してみてくださいね（**図4**）。

介護……。自分のことも家族のことも気になります。

40歳になると、健康保険、厚生年金、雇用保険に加えて、**介護保険**に加入することになります。40歳～65歳未満の医療（健康）保険加入者の場合、保険料は健康保険料に上乗せして徴収されます。

ふむふむ。つまり、介護休業給付金は「介護をする」ときのため、介護保険は自分が「介護される」ときのため？

図4　もっと知りたい【雇用保険】

育児休業給付金
育児休業を取得している間、最長で子どもが2歳になるまで、給料の約3分の2（6カ月経過後は2分の1）を受け取ることができる制度。

失業手当
倒産や解雇など会社の都合で離職せざるを得ないときや、雇用契約が打ち切られるときだけでなく、自主都合で離職する場合も一定の条件下で支給される。

介護休業給付金
2週間以上にわたり常時介護が必要な家族のために介護休業（最長93日）を取得した場合、給料の3分の2を受け取れる制度。

教育訓練給付金
厚生労働大臣の指定する教育訓練を受講して修了した場合、支払った費用の20％（上限10万円）が戻ってくる。語学スクールや各種資格取得のための予備校なども対象。

そうそう。つまり、みなさんの親御さんも「介護保険料」を納めているわけです。だから、今後、**親の介護に直面したときも、資金のことで不安になりすぎない**ようにしてくださいね。

なるほど、いろいろあるんだなぁ。雇用保険って、人生を謳歌《おうか》しつつ働き続けるためのものって感じですね。

そうですね！　いずれも、**安心して働き続けるための仕組み**です。

今まで「なんとな〜く引かれてる」とだけ思ってた保険料のこと、わかってきました。ずっと冷たくしてきてごめんよ！

雇用保険……フリーランス・自営業者の場合

雇用保険料の負担はなし。ただし、育児や介護のために仕事を休んだ場合、会社員のように手当が出ず、収入が途絶えるので、その分を自分で備えておきたい。

もらえる年金額を確認してみる

ここまで説明してきた通り、年金、保険、出産・育児、そして介護と、国が運営する社会保障制度は、これらの社会保険料と税金でまかなわれています。実はみなさんは、**社会保険料を納めることで、自動的に今と将来の自分の両方を、最低限守ることができている**のです。

いやいや、最低限守られているといっても、私たちはお金を使うのが大好きなんですよ！　最低限では不安があるのですが……。

オタクはきっと、おばあちゃんになってもアクティブシニアとしてオタクを続けるでしょうからね。老後に受け取る年金の金額のことも、理解しておきましょう。

知りたい！　いくらくらいもらえるんだろう？

お給料にもよるので一概には言えないのですが、厚生労働省が公表している厚生年金の平均受給額は、**月約14万5000円**です。

14万円かぁ。好きなだけ楽しく遊んで暮らせる額ではないですね。バラ色の老後は遠い……。

それはそうですね（笑）。公的年金の役割はあくまで、老後生活の「支え」として、「終身にわたって」年金の支給を保障すること。つまり、**死ぬまで最低限の面倒を見てくれるというのが最大のポイント**です。

老後資金を考えるときは**「自分が実際にもらう年金の金額」**を知っていたほうがいいですよね。平均じゃないリアルな数字って、何かでわかるんですか？

自分が年金をいくら受け取れるかは、毎年1回、誕生月に郵送される**「ねんきん定期便」**で確認することができます。こんなハガキ、見たことありませんか？**（図5）**。

う、見たことある、ような……？　そういえば先生、懺悔《ざんげ》したいことを今思い出しました。

なんでしょう？

前に転職したときに、数カ月のあいだ無職でいたことがあって、そのあいだは年金を払ってなかった気がします……。もしかして未来の私は年金を受け取れないんでしょうか！　なんとかしたいです！

直近2年以内であれば、年金を遡って納付（後納）することができます。2年を過ぎると時効になって、「未納」扱いになります。転職や離職で空白の期間がありそうな方は、ねんきん定期便で確認してくださいね。

よ、よかった！　まだ間に合いそう。ちなみに、未納の期間が長いとどうなるんですか？

図5　ねんきん定期便

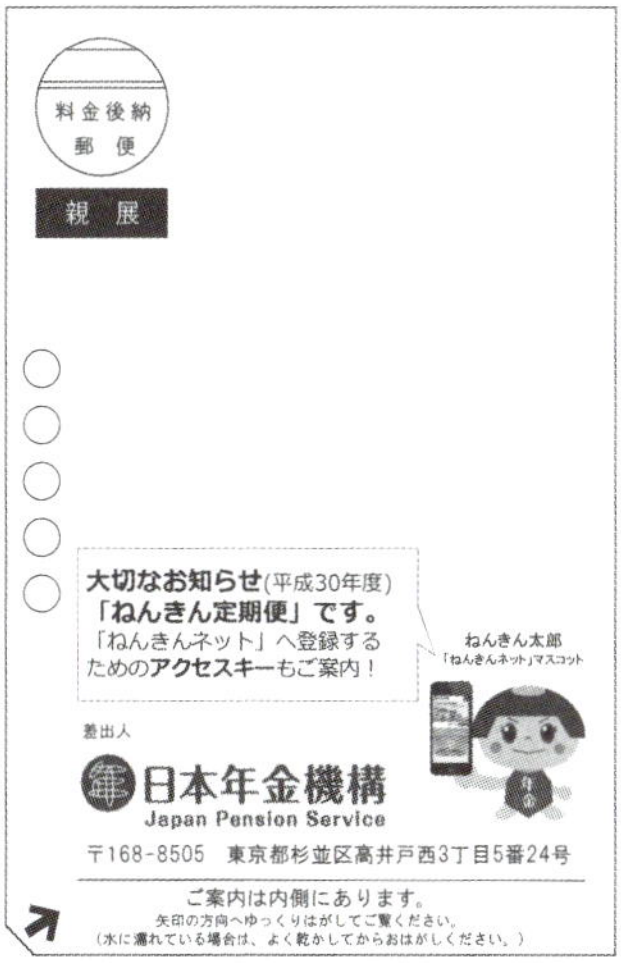

ねんきん定期便

○年金の加入記録が確認可能。
○毎年1回、誕生月に送付。
○35歳、45歳、59歳の節目年齢の加入者には封書で送付。
○Web版の「ねんきんネット」でも同様の内容が確認可能。
○ねんきんネット
http://www.nenkin.go.jp/n_net/

将来の年金額が減額されたり、障がいを負ったときに十分な保障が受けられなかったりということが起こり得ます。

怖い！　早く確認したいけど、ハガキなんてすぐ見つからない〜！　先生〜〜!!

……すぐに見当たらないという方は、日本年金機構が運営するインターネットサービス「**ねんきんネット**」の利用をオススメします。基礎年金番号やメールアドレスを入力してユーザー登録すると、スマートフォンでも年金記録や年金見込額の確認ができますよ。

老後のために、社会保障の「＋α」部分を自分で準備する

ここまで見てきたように、納税と社会保険料の納付という国民としての義務を果たしていれば、一定の保障は受けられるわけです。とはいえ、皆さんが準備すべきは、社会保障だけではカバーできないプラスアルファの部分ですね。

勉強すべきはここからですね……！　でも、老後資金といっても、**「ゼロからすべてを準備**

する必要はない」ってことがわかって、まず安心しました。

そうそう。気負わず、焦らず、できるところから始めていけば、楽しく浪費しながらも、老後に備えて十分にお金を貯めることができます。

結局、いくらあればいいんでしょうか。浪費女の老後資金の金額って、目安はありますか？

よく**「老後資金は3000万円必要」**なんて言われますが、たしかにこれは現実的な水準かもしれません。70歳までに3000万円用意できれば、それを20年間（240カ月）で取り崩したとして、毎月12万5000円（金利はいったん無視）。仮に、70歳から毎月10万円の年金をもらったとして、合計22万5000円です。これくらいあると、たしかに安心ではありますよね。

3000万円？　今が30歳だから、ここから70歳までに40年。つまり年間75万円、月に6万2500円貯金し続けないといけないんですか!?　**無理だ――――！**

そうですよね、わかりますわかります。貯金はもちろん重要です。でも、それだけではなくて、**堅実に貯めながら、その貯めたお金にも働いてもらうこと**が重要です。

「貯めたお金に働いてもらう」……ってどういうことですか？

つまり、**資産運用**ですね。お金を効率的に貯めるための方法だと思ってください。一見ハードルが高そうですが、**大事なのは貯金の延長であるということ。**オトクな国の制度も充実しつつあるので、積極的に活用していきましょう。それが、**鉄則2「使える国の制度は、徹底的に使い倒す」**です。

鉄則 2

使える国の制度は徹底的に使い倒す

楽しく浪費生活を続けるには、増やすに越したことはありません。ただ節約、ただ貯金するだけでなく、資産運用でお金を増やしていきましょう！　初心者でも利用しやすい節税効果が高い国の制度「NISA《ニーサ》」「iDeCo《イデコ》」を紹介します。

鉄則2で学ぶこと

資産運用っていうと株や不動産のイメージです。まとまったお金と知識のある人がすることなんじゃ？

たしかに、30年くらい前までは、運用や投資にはまとまったお金と知識が必要でした。でも、この10年くらいの間に、インターネットが普及して、ハードルがぐっと下がったんですよ。今や、大手銀行の普通預金の金利は、たったの0・001％。ATM手数料のほうが高いんですから、貯めながら増やさなくっちゃ。

預けて寝かせているだけじゃ、どうにもならないってことですね。

資産運用をすべき理由はもうひとつ。今後モノの値段が上がって、さらに消費税も引き上げられたらどうなるでしょうか。

えーと、もともと買えたものが買えなくなる……？

そう。インフレーション、つまり、**モノの値段が上がることで、お金の価値が目減りしてし**

まうのです。低い金利で貯めていると、増えないどころか価値が下がることだってあるかもしれないんですよ。具体的な例を挙げると、**ジャニーズのコンサートグッズの代表格、「ジャンボうちわ」も、ここ数年の間に500円から600円に値上がりしました。これもインフレの一種**です。

なるほど!? 一気に想像しやすくなりました。これからもうちわを買い続けるには、ただ貯金していけばいいわけじゃないんだ!

その通り！　時代の流れについていけるように、**お金にも働いてもらわないといけないん**です。これこそが、資産運用の本質です。

やるべきなのはわかったけど、「運用」とか「投資」って、素人が手を出すと損しそうで怖いな〜。

資産運用で損しないルールをしっかり学べば大丈夫！　何より、**浪費を続けたいなら、増やすに越したことはない**ですよ。

ううっ、ここまで聞いてきたお話で、その必要性はめっちゃ感じております。

資産運用を始めるにあたっては、**特別な勉強をしなくても、最低限のポイントだけ押さえておけばOK**です。でも私もそうですが、オタク気質の人って、いったんスイッチが入ると勉強したくなっちゃいませんか？　お金の話って誰にとっても身近ですし、何より手応えがあって面白い！　お金にまつわる知識は、絶対に無駄になることはありませんから。「資産運用沼」はいつでもウェルカムですよ。

資産運用沼……！　新しいオタクジャンルのひとつだと思ったら楽しくなってきました。頑張って勉強するぞ〜！

推し以外追うヒマがない私たちのための投資信託

お金を使うことが大好き、貯金したい気持ちはあるけど続かない、そして日々オタ活で忙しい……。そんな皆さんにおすすめなのが、**投資信託**です。

き、聞いたことはある！　……くらいです。

投資信託とは、**肝心の運用をプロにまるっとお任せできる金融商品**です。運用のプロであるファンドマネジャーが投資家から広く資金を集め、複数の企業や国に投資を行い、その成果を最終的に投資家に還元する仕組みです。

プロがやってくれるなら安心……？　でも、手数料分は損するのかな？

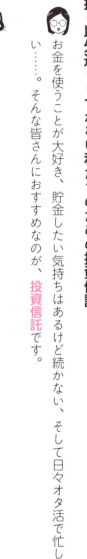

手数料はあくまでプロにお任せするためのコストですから、必ずしも手数料＝損とはいえません。私たちがレストランに行って食事をするとき、食材の材料費だけを払うわけではありませんよね。シェフの料理の腕に付加価値があると思うから、または、自分で作るのが面倒だから、お金を払って食事をしますよね。投資信託も同じです。払ったコスト以上においしければ、つまり、お金が増えればいいということです。

ふむふむ。投資とか運用って自分で頑張らなきゃいけないと思っていたけど「おまかせする」方法もあるんですね。

投資信託そのものは、**基本的に3年から5年程度はほったらかし**で問題ありません。ただし、ライフスタイルや年収の変化に応じて、投資信託に回すお金の額は調整していきましょう。3章では、なるべくほったらかしにできる方法もお教えします。

損しない「投資信託の掟」↓P176

先生……！　最高！　大好き！　神さま！

はいはい……。まずは、資産運用をするうえで絶対使うべき制度のお話をしましょう。

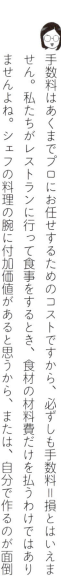

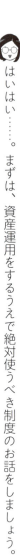

地味な強敵・税金

運用を始める前に、節税に役立つ国の制度について説明します。

ま、また税金の話〜〜？　……でも損するのは嫌なので聞きます。

ふふふ、だんだんわかってきましたね。普段あまり意識しないかもしれませんが、**銀行に預けていても、利息から税金が引かれている**んですよ。株式やそのほかの金融商品についても同じです。

ってことは……資産運用で増えたお金にも税金がかかる？

そうです、理解が早い！　でも、頑張って増やしたお金は少しでも手元に残したいですよね？

そりゃそうですよ！

その願いをかなえるために、節税制度を徹底的に活用しましょう。お金を貯めること、増やすことと税金は、切っても切り離せない関係にあります。

節税しながらお金を増やせたら、それが最強ってことですね!? やる気出てきた!

資産運用するなら、NISA口座がマスト

まず紹介するのは**NISA**《ニーサ》です。聞いたことはあるかもしれませんね。

はい、聞いたことはあります。宇宙に関する組織的な字面《じづら》で覚えてる……。

NASA《ナサ》とは全然関係ありません! NISAとは、**毎年一定金額内の範囲で金融商品に投資し、利益が出た場合、通常約20%かかる税金がまるまるゼロになるという制度**です。「投資」によって得られた利益が「非課税」になるので、正式名称は**少額投資非課税制度**といいます。

まさにさっきの「増えた分に税金がかからない」仕組み？　いいじゃん！

これは本当にオススメですよ。たとえば、通常、株や投資信託で10万円の利益が出た場合は、税金が約2万円引かれて、手元に残る利益は約8万円になるんですが……。

うう……。2割って結構大きいですね。

NISAを使うと、この税金が0円、つまり非課税になります。先ほどの例だと、10万円の利益がそのまま手元に残ることになるんです。

めちゃくちゃいいじゃないですか！　どうしてみんな使ってないんですか？　なにか裏がある……!?

残念ながら、資産運用なんて縁遠いと思っている方がまだまだ多いんです。とってもおトクなのに、もったいないですよねえ。

「得」と言われたらやるしかない！　今すぐ始めたいんですが、どうしたらいいですか？

銀行や証券会社にNISA口座の開設を申し込むところからスタートです。開設するなら、ネット証券がおすすめです。

ネット証券がおすすめの理由→P166

なるほど！　じゃあさっそく資料請求、っと。必要なのは住民票と……。

ちょっと待って！　口座開設を申し込む前に、NISAの概要をもう少し詳しく確認しておきましょう。**一般NISA**と、2018年から新たに始まった**つみたてNISA**の2種類があります。両者の大きな違いは、**非課税となる期間**、**年間上限額**、そして**対象商品**の3点です。

一般NISA

年間120万円×5年間で、計600万円の上限額。主な対象商品は、株式と投資信託。

つみたてN-SA

年間40万円×20年間と、年間の上限額こそ低いが、長期にわたって制度を利用でき、最大800万円の上限額。対象商品は、金融庁が定めた要件を満たす投資信託に限定されていて、株式は対象外。

一般N-SAとつみたてN-SA、どちらも20歳以上で日本に住民票がある方なら誰でも口座を開設できます。ただし、両制度を併用することはできず、年ごとにいずれかを選択する必要があります。また、開設可能な口座は、ひとつの金融機関において1人1口座と決められています。※一般N-SA、つみたてN-SAともに預金は対象外。

始めるならどちらか決めないといけないんだ。ズバリ、どっちを選ぶのがおすすめですか？

資産運用はまったくもって初めてという方、手元に貯金があまりないという方は、**長期間にわたって非課税メリットを受けられるつみたてN-SA**を選ぶといいですよ。

「つみたて」というと毎月定額を貯金していくイメージですか？

ちょっと違いますね。貯金ではなく、毎月決まった日に決まった額の投資信託を自動的に購入して積み立てていくんです。

逆に、一般NISAがおすすめなタイプは？

いずれ株式投資にチャレンジしたいという方、手元にある程度貯金があり、年間120万円の非課税枠を使い切れそうな方は、一般NISAを選んでもいいですね。一般NISAは、投資信託以外に株式も選ぶことができます。つみたてNISAと同じように毎月積み立てていくこともできますし好きなタイミングで投資信託や株式を一括購入することもできるんです（**図6**）。

図6　NISA（少額投資非課税制度）とは？

	一般NISA	つみたてNISA
商品の購入方法	通常買付・積立方式	積立方式
非課税となる期間	5年	20年
投資上限額	120万円×5年＝600万円	40万円×20年＝800万円
投資対象商品	上場株式、公募株式投信、REIT、ETFなど	国が定めた基準を満たした投資信託
非課税対象	対象商品にかかる配当金・売却益など	
商品購入が可能な期間	2014～2023年	2018～2037年
金融機関変更	各年ごとに変更可能	

○非課税対象**商品の幅**を重視するなら、**一般NISA**

○非課税**期間**を重視するなら、**つみたてNISA**

ふむふむ。オトクな仕組みだってことはわかったんですが、デメリットはあるんでしょうか。

2つ覚えておいてください。ひとつは、投資信託と株式は**元本保証ではない**という点。**投資したお金が全額返ってくると保証されているわけではありません。**

減っちゃうかも、ってことですね。うう……。

もうひとつは、**非課税枠の「繰り越し」と「再利用」ができない**という点です。

繰り越しと再利用？　どういうことですか？

たとえば、年間の非課税額の上限が120万円の一般NISAで、12月末までに100万円分しか投資信託や株式を購入しなかった場合、残りの20万円分は放棄することになります。翌年に繰り越すこともできません。

せっかくオトクな枠がもう20万円分あるのに！

もったいないですよね。こうした理由から、手元に貯金があって、すぐに120万円分を投資に回せるという方以外は、**つみたてNISAを選んだほうが非課税枠を無駄にしないで済みます。**

おすすめ銘柄→P186

「得しながら増やす」なら確定拠出年金（iDeCo）

もうひとつ、絶対やるべき制度が**確定拠出年金**（i《イ》De《デ》Co《コ》）です。これは、国民年金や厚生年金などの公的年金に上乗せして、任意で加入できる私的年金の一種です。

私的年金……？　ってどういう意味ですか？

より豊かな老後生活を送るために、**公的年金に上乗せして準備ができるものです。自分でお金を出して、その年金資産を自分で運用する**のが特徴です。あくまで任意なので、もちろん加入しなくても問題ありません。

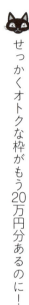

つまり、**老後の貯金に運用要素もプラス、ただ貯めるだけじゃなく増やそう**って感じかな？

そうです！　確定拠出年金には、「個人型」と「企業型」があります。勤務先が企業型確定拠出年金を導入している場合は、この「企業型」にすでに加入していることになります。最近は、退職金の代わりにこの確定拠出年金を導入する企業も増えていますね。

「401k」ってやつかな？　新入社員のときに説明された気がするけど、1ミリも覚えていません……。

そういう方も多いと思います。だって、なじみがないですもんね。企業型の確定拠出年金に加入していない方、退職金制度がない方、または自営業者・フリーランスの方などは、自分で「個人型」に加入することになります。ここでは個人型のiDeCoを前提に解説しますが、基本的な制度の仕組みは、企業型・個人型ともに同じなので、ご安心を。

なんか難しそう……。やる気を出すために、先にメリットから教えてください！

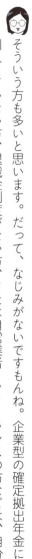

iDeCoの最大のメリットは、とにかく**節税**。所得税や住民税が安くなります。手厚い税優遇を受けられるiDeCoは、**「絶対に使ったほうがオトク」**と断言できる制度です。

また「オトク」という魔法ワードが！　でも、今の説明じゃ何がどうオトクになるのか全然わかりません!!

まあまあ、まずは、どんな流れかみてみましょう。

iDeCoの流れ

①**拠出**…加入者自身が原則毎月掛金を支払う。

②**運用**…投資先を指定（これを**「運用指図」**という）して、資金を積み立てる。
※あらかじめ指定された口座から毎月資金が引き落とされ、その資金で指定した運用商品が自動的に買い付けられるので、都度手続きは必要なし。選択できる運用商品は、投資信託のほか、定期預金や保険などもある。

③受取…掛金の拠出は60歳までで、60歳以降70歳までの間に、積み立てた資金を年金として、一括、または分割で受け取ることができる。

つまり、毎月一定の金額を積み立てて【拠出】、それを元手に投資をして【運用】、60歳以降に受け取る【受取】という仕組み。この**3段階にわたって税制優遇を受けられる**んです。

税制優遇……？　つまりどういうこと？

ふふふ、興味が出てきましたね？　ひとつずつ説明しましょうか。

ｉＤｅＣｏがオトクってどういうこと？

①拠出

まずは、**【拠出】**のターン！　ｉＤｅＣｏの掛金は、自分が指定した銀行口座から天引きされます。会社で加入している場合は、原則お給料から天引きされます。掛金は月５０００円から、１０００円単位で設定できます。

強制的に毎月定額が積み立てられるのいいな〜！　自力で貯金するのはどうしても続かないから……。

さて、毎月もらうお給料、これには通常所得税や住民税がかかりますよね。ここまで説明してきた通りです。でも、ｉＤｅＣｏで拠出した掛金は、原則全額を所得から控除することができます。つまり、**確定申告や年末調整で税金が戻ってくる**のです。

一度払った税金が年末調整で戻ってくる！　つまり手持ちが増えるんですね。オトクだ〜。

そうなんです！　掛金とお給料（所得）の金額によって差はありますが、**年間で2万～5万円くらいの節税になる方が多い**ですね。節税は収入アップと同じくらい大事なこと。掛金を拠出している間はずっと所得控除を受けられるので、長期になればなるほど節税効果は大きくなります。

例：年収300万円・月1万円（年12万）拠出で2万円弱の節税。年収400万円・月2万円拠出で3万6千円の節税。

2万円あればコンサートにプラス2～3回は行けますね！　【運用】は、「投資先を指定」ってことは、自分で何を買うか選ぶんでしょうか？

そうそう。では次に【運用】のお話をしましょうか。

②運用

運用する商品は、まさに先ほどご説明した投資信託が中心です。それ以外にも、定期預金や保険など、元本確保型の商品も用意されています。ここで得た利益も、非課税なんです。

利益が非課税！　NISAと同じですね。

そう！　運用益が非課税になるというのはNISAと同じですが、NISAが預金を対象外としているのに対し、**iDeCoでは預金の利息も非課税になる点が大きなポイント**です。

普通に投資信託や株式投資をするのと違うのは、節税する仕組みもセットだってことですか？

そういうことです。先ほどご説明したNISAに、さらにプラスして「税金が戻ってくる」機能も追加されたと考えてください。

③受取

細かい説明は割愛しちゃいますが、もちろん、**貯めた年金を60歳以降に受け取るときも、税金の優遇が受けられますよ。**

「60歳以降に受け取れる」がちょっと引っかかります。そんな未来まで考えられないし、そもそも生きてるのかわからない……。途中でお金が必要になったら引き出せるんですか？

いいえ、**残念ながらiDeCoで貯めた資金は原則60歳まで引き出せません。**日々のオタ活でお金に困りそうだからといって、国民年金や厚生年金からお金を引き出そうとは思わないですよね？（現実にできないのですが）。それと同じです。

たしかに、言われてみれば……。

iDeCoは年金制度ですから、個人的な事情で資金を引き出すことは認められていません。でも、老後の所得保障を目的としているものだからこそ、節税メリットも大きいんですよ。

とはいえ、60歳まで何があるかわからないし、ちょっと心配。「貯めてきたこのお金が今使えたら！」ってなりそうです。

どうしてもまとまったお金が必要になった場合、NISAなら、いつでも資金を引き出せますよ。だから、安心してください。

そっか、オタ活で破産しかけたらNISAから引き出せばいいと……。あ、なんか安心しました。

安心しちゃダメ！（笑）でもそうですね、いざという時に使えるお金があるのは「不真面目ファイナンス」としては大事なことだと思います。

無理のない範囲でやればいいですもんね。仕組みがわかったら、iDeCo興味出てきたかも。毎月5000円からでしたっけ？

はい。掛金は月5000円から、企業年金制度のない会社員（第2号被保険者）は、月2万3000円、年間27万6000円が上限です。

それくらいなら、ちょっと我慢すれば捻出できそう。

月々の金額の下限と上限はありますが、いくら拠出するか、何で運用するか、いつ、どのように受け取るかを自分で自由に決めることができるのも、iDeCoの魅力ですね。節税効果を最大にするには、上限を目指してほしいです。

上限ってことは月2万3000円かぁ。とりあえず月5000円から始めて、後から変えることもできるんですか？

掛金の変更は年1回、運用商品の変更は原則いつでもできるので、ライフスタイルに合わせて柔軟に対応ができます。

ハイリスクを承知でハイリターンを目指すか、堅実に元本にちょっと上乗せするくらいを目指すか？

そうです。攻めのターンと守りのターン。人生にはいろんなフェーズがありますからね。国が強力に後押しをしているiDeCoには、他の制度よりもはるかに手厚い税優遇があるので、使わない手はないですよ。

おすすめ銘柄↓P186

NISAとiDeCo、今すぐ始めるならどっち？

ちなみに、「資産運用のために、いきなり毎月数万円は、正直ちょっとキツイかも……」という場合はどうしたらいいですか？

そうですよね、それだけあればコンサートに何回か入れるし、遠征もできるし。

まさに来月遠征を控えており、正直悩みます!!

iDeCoとNISAは両方とも節税に直結するので、同時に加入、口座開設することが望ましいですが、あえて優先順位をつけるなら、**まずはiDeCoの加入を優先しましょう。**
iDeCoは年金制度なので、60歳までという年齢制限が設けられています。

わかりました。まずはiDeCoから！　とりあえず資料請求！

いい反応です！　iDeCoは毎年の年末調整で税金が還付されるので、**少しでも早く始めたほうが節税できてオトク**ですからね。NISAは、口座開設した年から5年間、または20年間の非課税期間が適用されますので、資金面に余裕が出てから始めることもできますよ。

鉄則3 いざという時のための備えは3段階で

NISAとiDeCoを学んだので、これでもう完璧じゃないですか？　明日からも優雅に浪費生活を続けて……。

いやいや、もう少し！　今は元気でも、病気やケガで働けなくなるリスクは常にあります。最低限安心して生活するために自分でも備えておきましょう。ポイントは、**預金、保険、年金と、3段階に分けて準備すること。**貯め方のコツやおすすめの保険も紹介します。

鉄則3で学ぶこと

すぐに引き出せる預金

まずは預金。銀行にお金を預けていても利息がほとんどつかないのは、みなさんも実感していると思います。

そうですね、ただ貯金するだけで増えていけば楽なのに……。

それはキッパリあきらめましょう。銀行にお金を預けていても増えないなら、最初から期待しなければいいのです。**銀行の預金口座は、日々の生活費＋「月収3カ月分」を置いておくところ**だと思ってください。

ば、バッサリ……！　でも、いきなり3カ月分はつらいです！

じゃあせめて、1カ月分からでも！　読者のみなさんの多くは、お給料という定期的なキャッシュフローが見込めると思います。なので、**いざというときのための貯金は、月収の3カ月分を目指せばひとまず十分**です。

うう〜〜。でも明確に目標があるとちょっと頑張れるかも。

すでに月収3カ月分を確保できている方はもうひと工夫《くふう》。普通預金に全額を預けるのではなく、**一部を「2週間満期」や「1カ月満期」などの短期の定期預金に振り分けること**をオススメします。

短期の定期預金……？　利息がけっこうつくんですか？

短期なので、利息はほとんどつかないです。定期にするのは、生活費と混同して使ってしまわないように、また、簡単にキャッシュカードで引き出せないようにするためです。

なるほど。**「使わないためには使いにくくする」**！　大事！

「今」の自分を守る保険

いざという時といえば、「保険」って、やっぱり入ったほうがいいんですかね？

公的な保障にプラスしたい部分があるならば、補完的に、くらいがいいですね。一般的に女性は、医療保険に「入りすぎ」の傾向がみられます。一度、見直してみるといいですよ。

保険の見直し↓P76

保険料って、月々いくらまでならいいんでしょうか？

医療保険を含め、**月々に支払う保険料の総額は、多くても、手取り月収の5％以内**に抑えることを目安にしてください。

先生は、保険はどうしているんですか？

私は今のところ、「都民共済」一筋です！　**まだ医療保険に加入していない方をはじめ、広くおすすめしたいのが、この都道府県民共済**です（**図7**）。

へぇ〜、いろいろある〜。先生の入ってるプランが知りたいな……（チラリ）。

私は**「総合保障型＋入院保障型」**で、月3000円のプランに加入しています。最大のポイントは、運営元が非営利であること。つまり、民間企業のように営利を追求しないので、**保険料が月1000円からと安く抑えられている**のです。

そうなんだ！　こちらも資料請求してじっくり見てみます。

保険は、あくまで「今」の自分を守るものとして必要最低限の保障内容で加入し、ライフステージの変化に応じて適宜見直しをしていきましょう。

もっと知りたい
【都道府県民共済】

都道府県民共済は、全国生活協同組合連合会（全国生協連）が、厚生労働省の認可を受けて行っている事業で、居住地域で加入が可能。

取扱い商品は、「総合保障型」、「入院保障型」などから構成される生命共済、住宅や家財を守る「新型火災共済」の2つだけで、とてもシンプル。

また、ライフステージに応じて、先進医療、がん、3大疾病などの各種特約をプラスすることもできる。

図7　都道府県民共済（都民共済）取扱い商品

<table>
<tr><th colspan="2">生命共済</th><th>新型火災共済</th></tr>
<tr><td>総合保障型
入院から死亡までバランスよく保障
(月掛金1,000～4,000円)
例：総合保障2型
病気入院 4,500円/日
病気死亡 400万円 ほか</td><td>入院保障型
入院への手厚い保障を重視
(月掛金2,000円)
例：入院保障2型
病気入院 10,000 円/日
手術 2.5万～10万円
先進医療 1万円～150万円 ほか</td><td rowspan="2">火災、消防破壊、消防冠水、落雷被害、車両の衝突などを保障。</td></tr>
<tr><td colspan="2">総合保障型+入院保障型
入院と死亡、どちらも手厚く
(月掛金3,000～4,000円)
例：総合保障2型+入院保障2型
病気入院 14,500円/日
病気死亡 410万円 ほか</td></tr>
</table>

※死亡や入院のほか、がんや3大疾病、長期入院などのリスクに備える特約プランも選択可能。
※お住まいの地域と年齢によって、保障内容が異なります。

自分で準備できる任意の年金

最後に、年金。これは、**鉄則2**でも登場したiDeCoですね！

そう！ iDeCoは、実は女性にとって、非常に使い勝手のいい制度です。というのも、**働き方や被保険者の区分に関係なく、自分の名義で年金資産をつくることができるから**です。

女性は結婚や出産を機に、一時的に働き方を変える可能性も高いですもんね。

そんなときでも、**年金の「持ち運び」ができるので、年金資産を増やし続けることが可能**です。たとえば、会社員（第2号被保険者）だった方が、子育てのために一時的に専業主婦（第3号被保険者）になるケース。あるいは、思い切って働き方を変え、フリーランス（第1号被保険者）になるようなケースでも、そのまま年金資産を積み立てていくことができます。

そういうメリットもあるんだ！　融通が利くところはたしかに魅力的。

1章おさらい

鉄則1　自分が使うお金は自分で稼ぐ！

結婚、介護、病気療養など、予期せぬライフイベントに左右されないよう働き続けることが大切。社会的信用も保持できる。

鉄則2　使える国の制度は徹底的に使い倒す

浪費生活を続けながら、無理なく、節税と貯金を実現するために、NISAとiDeCoを使いこなして。まず始めるならiDeCoから！

鉄則3　いざという時のための備えは3段階で

月収3カ月分の「現預金」、公的な保障を補完する「保険」（オススメは都道府県民共済）、「年金」（iDeCoがマスト。掛金は上限を目指す）でライフステージの変化に備える。

Q&A 保険って、入った方がいいんですか？

鉄則3のなかで、「女性は保険に入りすぎなケースが多い」という話があったんですが、乳がんや子宮頸《けい》がんの話題も身近ですし、やっぱり気になります。

たしかに、女性特有の病気の罹《り》患率《かんりつ》は現実として増加傾向にあります。ただ、説明した通り、医療費は家計負担が重くならないよう公的な保障が手厚くなっています。**保険会社を通じて加入する民間保険は、こうした公的な保障だけではまかなえない部分をカバーするためのもの**です。

まかなえない部分……！　病気にかかったときに、医療費が高すぎるときとか？

金額より、そもそも健康保険の対象から外れている項目です。たとえば、希望して個室に入院した場合などに発生する差額ベッド代は健康保険の対象外。全額が自己負担となります。

なるほど……。じゃあ、保険ってどんなふうに選べばいいんですか？

医療保険に加入する目的は、あくまでも医療費の保障だということを忘れないでください。一定期間が経つと掛け金の一部（生存給付金）を受け取れる貯蓄性を重視した保険は、保険料が割高に設定されているため、おすすめできません。

今の保険、もう入っちゃってから結構経《た》ちます。どうしよう？

すでに民間の医療保険に加入しているなら、本当にその保障が必要か、今一度、保障内容を見直すことから始めましょう。

やらせていただきます！　見直しポイントってありますか？

ズバリ、**保障内容と金額**です。医療保険の保険料は、保障内容の手厚さに概《おおむ》ね比例します。**保障内容が厚すぎないか、それによって毎月の保険料が高額になっていないか**を確認したほうがいいでしょう。

どうしても、働けなくなったときの生活費を心配して、そこの保障を厚くしたくなっちゃうんですよね〜。

みなさん療養中の生活費を気にしすぎる傾向があるようです。「実際の治療のために必要な医療費」と「その前後の生活費用」は、別に考えてください。**働けなくなったときの生活費に不安があるなら、医療保険に加えて、就業不能保険の加入を検討**してもいいでしょう。

就業不能保険

ケガや病気で働けなくなったときに、生活費を保障してくれる保険。一般的な医療保険と違って、自宅療養でも保険金が受け取れる点がポイント。月々の保険料は、一般的な医療保険よりも安く、1000円台から選べる。

働けなくなったときのこと……フリーランスだったら、とくに切実な問題ですね。

そうですね。会社員の方で健康保険に加入していれば、長期療養時には傷病手当金が受け取れます（収入の約3分の2を最長1年6カ月）。一方、国民健康保険の加入者である自営業

者やフリーランスの方には、こうした保障がありません。

よりきちんと備えが必要だ！　自分の今の保険、内容もきちんと見ておきます。

保険料の総額（毎月）は、手取り月収の5％以内に！

先生は都民共済「総合保障型＋入院保障型」月3000円プランを利用中。健康保険や雇用保険ではカバーできない「自分のコダワリ」で保険内容を見直す。

Q&A

会社員の「副業」、その落とし穴

貯金を増やすためには、まずは収入を増やさなければ！　やっぱり最近流行《はや》りの副業ですか？

たしかに、最近は本業に支障が出ない範囲で副業を認める企業も増えてきました。しかし、会社員が副業するときは、その収入（所得）の種類と税金についてきちんと理解しておかないと、後悔することになります。

えっ、後悔……？

副業で得た収入にも、やっぱり税金が課せられるんです。だから、税金についてきちんと理解をしておくことが重要です。

また税金！　やだよ〜〜！

まずは、所得税の前提となる所得の計算方法を簡単に説明しましょう。

収入金額ー《マイナス》必要経費や所定の控除額＝所得

所得には10種類あり、たとえば、みなさんが会社から支給されるお給料は、**「給与所得」**に該当します。この所得に**所得税**が課せられます。

所得税。給与明細書にあったやつだ！

そして、肝心の副業の所得は**「雑所得」**に区分されます。「雑所得」とは、読んで字のごとく、雑多な所得のこと。

どんな稼ぎ方をしても、「雑所得」になるんですか？

原稿料、アフィリエイト、仮想通貨の売却益など、副業で得られた収入が年間20万円を超えると、雑所得として確定申告する必要が出てきます。

案外低い壁。メルカリ（フリマアプリ）で得た利益とかも？

そうです、そうです。確定申告をしないでいると、収入の申告漏れと税金の未納で、税務署の調査対象になる可能性があります。

黙っていたらバレないんじゃ……という悪魔のささやきが聞こえてきそうです……。

う～ん……お金を支払った側も税務署に報告しているので、隠し通すことは難しいでしょう。あと、税務署には、みなさんの銀行口座の残高や、出入金の履歴なども調べられる権利がありますから、変な悪あがきはしないほうがいいですよ。

嘘《うそ》ついちゃだめだね。

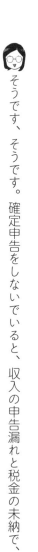

ちなみに雑所得を申告すると、所得税のほかに住民税も計算され、納付義務が生じます。住民税は年間の収入を合算して計算されますので、**副業の収入が多ければ多いほど負担も増えます。**

そりゃそうか。となると単純に副業分だけ使えるお金がプラス！　なわけじゃないんですね。

限りなくフルタイムの長期アルバイトや、自分で会社を設立するようなケースなら、副業の収入が「給与所得」とされることもありますが、その場合は社会保険に加入しなくちゃいけません。

そういう人は、社会保険をダブルで払うってことですか？　やっぱり保険料も税金も払うのか〜〜。

でもそれは稀《まれ》なケースです。**雑所得は、今の収入が一時的に増えるだけ**、と思ってください。本業を含む給与所得を増やすか、貯める・増やすための仕組みをつくらないと、将来の収入増には繋《つな》がりません。

でも「本業の収入が低い」という悲痛な声を聞くことも多いですし、つい副業に目が行っちゃう気持ちはわかります……。

むむむ……副業が軌道に乗り、本業にできそうなくらい安定した収入が見込めるのであれば、副業と本業をスイッチすることも一つの方法ですが、そういう例はきわめて稀ですよね。

じゃあ、どうすれば〜〜！

現実的なのはやはり、**本業の収入を上げる方法を考えること。**

う、正論すぎる……。とはいえ、今や年齢とともにお給料が上がる時代でもないし……。

そうですね。特に女性の場合、男性と比べ、年代別の賃金の開きはさほど大きくありません。

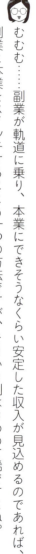

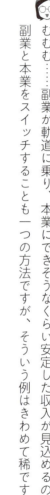

女性の平均賃金と業種

平均賃金

女性の平均賃金（全年代）……246万円
平均賃金が最も高い50〜54歳……270万円
平均賃金が最も低い20〜24歳……203万円

※厚生労働省の賃金構造基本統計調査（平成29年調べ）

業種別の傾向

■年齢により賃金が上昇し、全年齢の平均賃金も相対的に高い
……教育・学習支援業、金融業、保険業
■他の業種と比べて年齢とともに賃金が上がりにくく、全年齢の平均賃金も相対的に低い
……製造業、宿泊業、飲食サービス業、医療・福祉

※業種平均と比べて著しく賃金が低い場合や、勤務先の労働条件に問題がある場合は、お住まいの地域の労働基準監督署に相談を。都道府県別の労働基準監督署の所在地や電話番号は、厚生労働省のホームページで検索できます。

一般的に賃金は、年齢（役職）、業種、職種という3つの要素がかけ合わされて決まります。年齢や役職をすぐに上げることは難しいですから、抜本的に収入を上げたいなら、職種を変える（スキルアップする）、または思いきって業種を変える、のいずれかになります。

結構思いきったことをしないといけないんですね……。今から何かできるのかなぁ？

ご参考までですが、私は30歳を過ぎてから夜間の大学院に通いました。実はファイナンシャルプランナーの資格を取得したのも、大学院を卒業したあとなんです。

え、そうなんですか!?　先生も収入アップのために？

いいえ、ぶっちゃけて言うと、当時は収入どうこうというよりも、必要に迫られ重い腰を上げてようやく……という感じでした。試験期間中はとくに「この単位を落としたら、綿密に組んだ現場スケジュールがすべて狂ってしまう！」と思って、もう血眼になって勉強していました。今思えば、それが原動力になっていたのかも。

すごい！　何かを変えるのに遅すぎることはないですね……！

当時はいっぱいいっぱいでしたが、そんな経験を経て確実に世界が広がりました。実際に、今こうして自分と同じ浪費家のみなさんにお話しができていますしね。タイムマネジメントもうまくなった気がします。そして何より、現場に行けること、浪費できることのありがたみを知りました。ちなみに先ほどご説明した教育訓練給付金も、大学院の学費を含め、これまでに2回受給しています。使えるものはどんどん使った方がいいですよ！

え〜〜、なんだか勇気が出ました。大人になってからも環境は変えられる！

会社員の副業は、「一時的に収入が増えるだけ」

将来の収入増に繋げるには給与所得アップか、「貯める・増やす」仕組みをつくって。

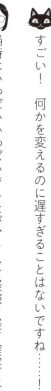

714人にアンケート！

浪費女子の「お金」事情、教えてください！

友達同士でも打ち明けにくい「お金」の話。みんな、お給料ってどれくらい？　貯金は？　ぶっちゃけ、クレカ止まったことある……？　日々浪費に勤しむ同志たちのリアルなお財布事情、匿名アンケートで聞いてみました。

（集計期間2018/10/19〜29）

回答者年齢		
10代 (1%)	20代前半 (26%)	20代後半 (32%)
30代前半 (23%)	30代後半 (8%)	それ以上 (10%)

居住地域	
東京	28%
大阪	9.2%
神奈川	9%
その他	53.8%

Q1 居住形態を教えてください。

実家暮らし…48.3%

ひとり暮らし…36%

結婚して同居(子どもなし)…6.9%

Q2 未婚ですか？既婚ですか？

未婚…89.4%

既婚…10.6%

Q3 雇用形態を教えてください。

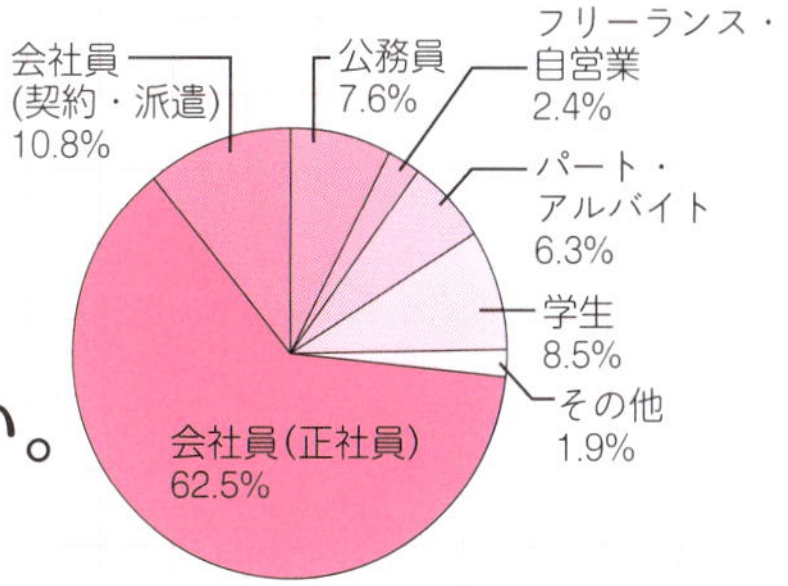

Q4 年収(額面)はいくらですか？

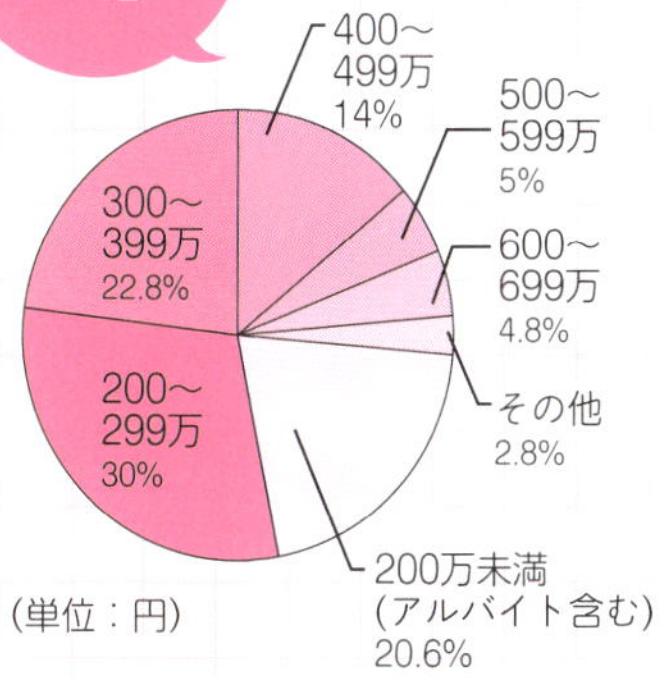

収入アップを求める声も多数。

年収200万円台（30%）から300万円台（22.8%）が過半数を占めました。転職、資格取得を考えている声も多かったです。

Q5 毎月いくら娯楽や趣味に使いますか？

月3万〜5万円が最多！

「収入が増えても、増えただけ使ってしまって貯まらない」「現在の収入で一生浪費できるか不安」という回答も。

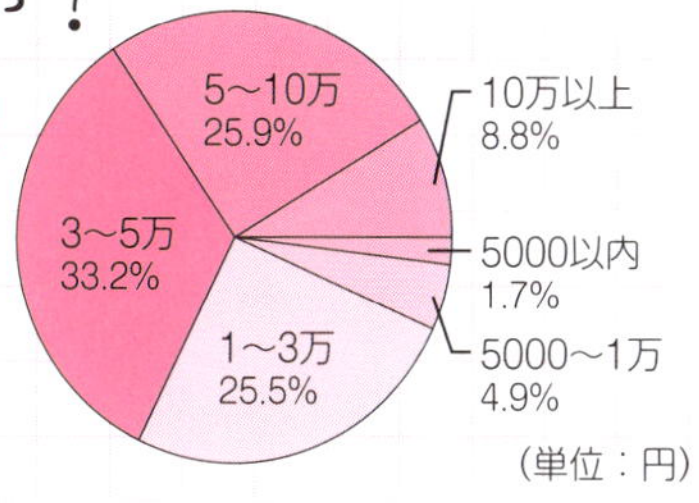

Q6 貯金総額はいくらですか？

(単位：円)

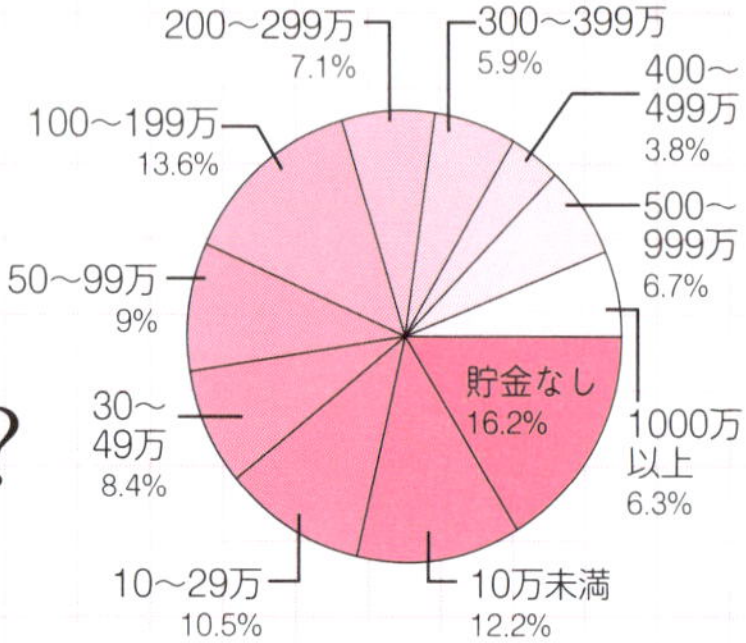

Q7 保険に加入していますか？

はい…66.5%
いいえ…33.5%

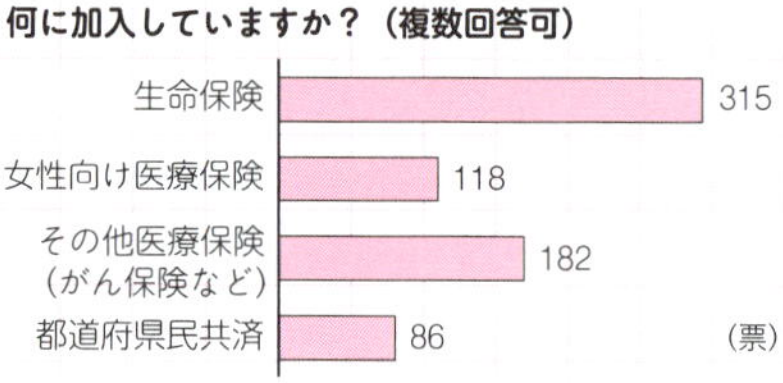

Q8 預金や投資で実践していることはありますか？

定期預金…285票

確定拠出年金(iDeCo)…112票

財形貯蓄…107票

ふるさと納税…92票

NISA、つみたてNISA…76票

何もしていない…282票

6人に1人は貯金なし！危機感はあるけど…

貯金額100万円以下が半数超。興味があるものは1位NISA（337票）、2位iDeCo（296票）、3位ふるさと納税（285票）の結果に。多くの方が資産運用に関心はあるものの、なかなか一歩踏み出せていないようです。

Q9 クレジットカードが止まったこと……ありますか？

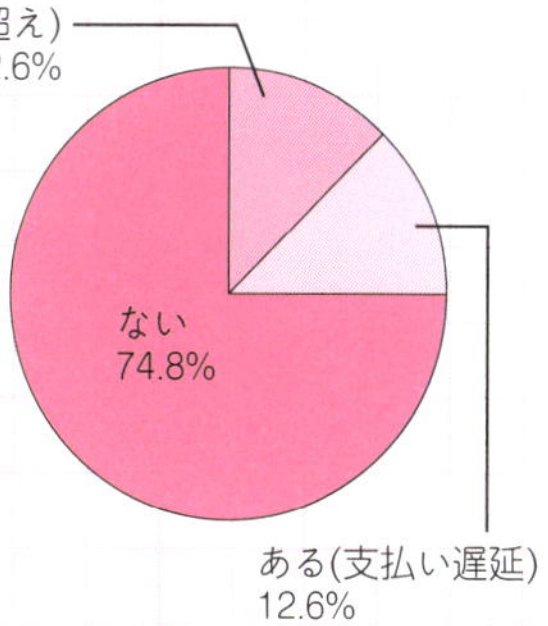

Q10 リボ払い、したことはありますか？

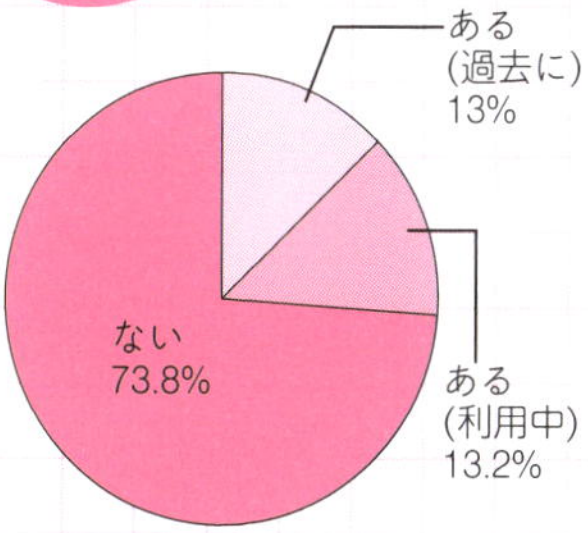

「永遠に増え続ける地獄」

2割以上がクレカストップ&リボ払い経験者！　くれぐれもご利用は計画的に。「支払い残高が減らないどころか永遠に増え続けていく地獄」などリアルな声も寄せられました。リボ払い、ダメゼッタイ！ な理由はP159へ。

Q11 リボ払い以外に「借金」はありますか？

奨学金返済中さん多し。

4人に1人が奨学金返済中。月数万円の負担はなかなか家計を圧迫しているよう。「観劇に行くために、親に借金をしています」などの声もありました。

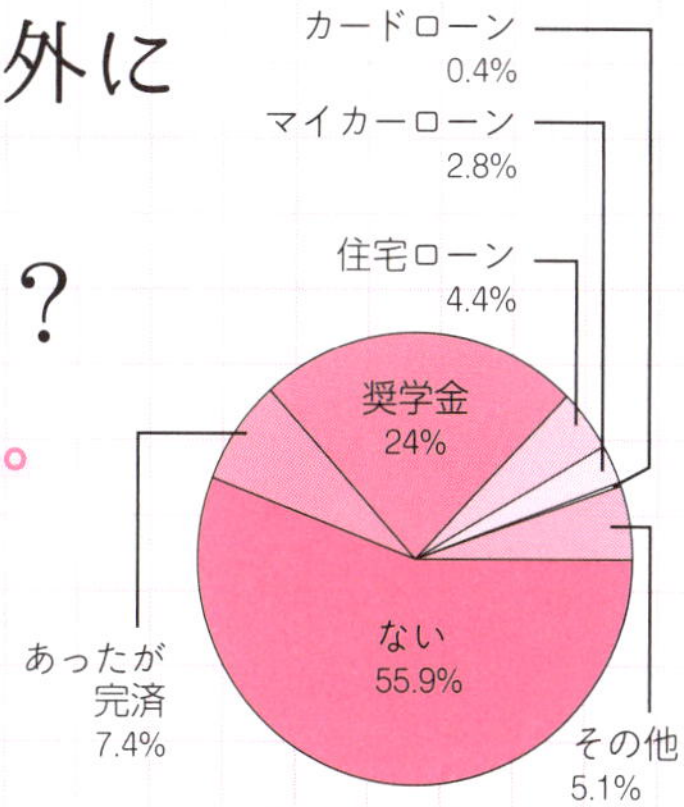

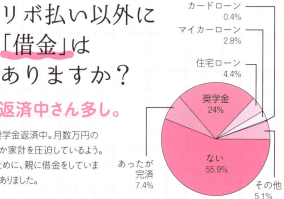

第2章

悩める浪費女の大問答

7人の浪費女さんたちのリアルなお金の悩みに、篠田先生がズバッと回答！気になる項目から、自由に読んでみてください。

Case1 マネープラン1年生

ヒラメさん（28）

沼→ サッカー、プロレス

サッカーは、ラインメール青森(ＪＦＬ)の背番号7番のファン。
プロレスは新日本プロレスのオカダカズチカさんが推し！　最近は声優の中島ヨシキさんや宝塚歌劇団花組の明日海《あすみ》りおさんにもハマっていて大忙し……。

年間支出パターン図

一定周期で確実にかかる費用

ファンクラブ会費	4,000円
月額制コンテンツ	18,000円
スポーツジム	96,000円
クレジットカード（複数）	2,000円

計 120,000円

単発＆臨時の出費

『おっさんずラブ』の Blu-ray BOX	23,500円
Blu-rayレコーダー	70,000円
服（イベント用に購入）	20,000円
推しに会うための美容代	150,000円

計 263,500円

美容メンテナンスは2カ月毎。

イベント毎の不確定な費用

チケット代	157,000円
交通費	118,500円
宿泊費	3,000円
CD・グッズ・漫画代	34,500円
推しへの貢ぎ物	20,000円

計 333,000円

サッカー選手の結婚によるダメージを声優イベントで癒す。異動で土日休みになり、平日に比べると遠征費がかさむため控えめに。

居住地域	神奈川県	居住形態・結婚	一人暮らし・未婚
社会人歴	7年目	貯蓄額	約50万円
年収	約280万円 年俸制のためボーナスなし	雇用形態	正社員

いま実践していること

- 企業型確定拠出年金
- 普段使い用の通帳には月末3万円は残す
- 駐車場代支払い用の通帳に、毎月1万円いれる（駐車場代は7,000円）
- がん保険と医療保険をカードで月に合計4,000円ほど支払い中
- ガス・水道・電気・携帯代などもカードでまとめて支払いポイントを貯める

浪費はやめられないけどお金も貯めたい！ 結局私、何から始めればいいんだろう……？

趣味が多いため、各ジャンルで便利なクレジットカードを契約していった結果、かなり多く所有することになってしまいました。ミレニアム（そごう西武《せいぶ》）、エポス、ルミネ、東急《とうきゅう》……正直使いこなせている自信がありません。さらに今、払った金額以上の還元がある、デパートの「友の会」の積立にも興味があります。各種ポイントやサービスを有効活用できる方法があれば教えてください。

また、株などの投資や節税、使える自治体の制度にも興味はありますが、始めるのに必要な手続きやタイミングもよくわかりません。30歳まであと少し……結局私、今何をしておけばいいんでしょうか……？

ヒラメさんへのアドバイス

すごくちゃんとやってるじゃないですか！　給料天引きも貯金用口座もあっててえらい！　クレカにポイントに株に節税……ヒラメさんのように「やる気はあるけど優先順位や〝正解〟がわからない」人は多そうです。

ご自身で頑張って工夫されていて、全体的にしっかりやりくりできていると思います！　ヒラメさんが優先すべきは、お金を貯めるための仕組みをもう少し強化すること。

①「○円残す」よりも「○円天引き」

給料天引き口座と貯金用口座の使い分けは◎。残すよりも天引きするほうが貯まりやすいので、毎月お給料が振り込まれたら、まず貯金や投資に回す分を別口座に移動！

②勤務先で加入している確定拠出年金を最大限に活用

企業型確定拠出年金の場合、給与天引きで自動的に積立ができています（しかもほとんど会社がお金を出してくれている！）。確定拠出年金の中身は投資信託が選べるので、まずは**部分的に投資信託を組み入れる指示を行い**、資産運用の第一歩を踏み出してみて！

iDeCoで銘柄を選ぶポイント→P188

③がん保険と医療保険の保障内容を再確認

保障内容が被っている可能性アリ。医療保険にガン特約をつけるなどすれば、保険料をもう少し抑えられる可能性も。

ヒラメさんをはじめ、**沼が多ジャンルにわたる人は、スケジュール管理に追われて、とにかく時間がないはず……。**そんな忙しいオタクにこそおすすめなのが、**自動積立が備わっている確定拠出年金とNISA（つみたてNISA）**です。最初に設定だけすれば、あとは自動的にお金を貯めながら増やすことができます。ヒラメさんの場合、確定拠出年金は勤務先ですでに加入されているので、金銭的に少し余裕が出てきたら、つみたてNISAにチャレンジしてみて。

クレジットカードの付き合い方は？

いつのまにかクレカが増えてるのわかるな～…。あれもこれもうまく使えてないんじゃないかって悩み出すと、「で、どうしたらいいの？」ってなっちゃいます。

クレジットカードは、年会費以上のポイント還元などがあり、ご自身で管理できる範囲であれば、**複数枚保有していても構いません。ただし、百貨店の「友の会」は要注意。**「友の会」は、現金ではなく、あくまでも**商品券の積み立て**です。定期的にスーツを新調するとか、何かを確実に購入する予定がない限りは、無駄な消費を誘発しかねないので、やめておいたほうがいいでしょう。

み、耳が痛い……！　ポイント還元があるカードはいろいろありますが、選ぶときのコツを教えてください！

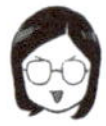
基準は、とってもシンプル。**最も利用頻度が高いところ！**　これだけです。ポイント還元率が高くても、利用額が少ないと意味がないですよ！

まとめ

- **お金を貯めるための仕組み**を強化！
（貯金、投資用の口座に給料天引きで移動／企業型拠出年金を活用して積極的に投資信託を／加入している保険内容は見直してコストダウンを）
- 複数保持しているクレジットカードは年会費以上の還元があるか確認、百貨店の「友の会」は要注意。

Case2 もうすぐ結婚

ホッキョクグマさん(27)

沼→ コスメ、観劇、A.B.C－Z

コスメブランドはクレ・ド・ポー ボーテとNARSがお気に入り。

ツヤ感のある女性に憧れているので、アイテムとしてはハイライターが好きです。

最近はフレグランスも集めがち……。A．B．C－Zはピンクの戸塚祥太さんが担当です♡

年間支出パターン図

一定周期で確実にかかる費用

ファンクラブ会費	12,000円
月額制コンテンツ	3,300円

計 15,300円

Jr.情報局を更新せずKing&Princeのファンクラブに新たに加入したくらいで、例年通り。

単発＆臨時の出費

独身最後を名目に、遠征でもないのに旅行。

ウエディングエステ代	150,000円
国内旅行（2回）	80,000円
イメージコンサルタント診断	20,000円

計 250,000円

イベント毎の不確定な費用

Jr.の現場がなくチケット代は減額かと思いきや、宝塚や歌舞伎に手を出した結果、去年より微増。

チケット代（ライブ・観劇）	160,000円
上記に付随するグッズ代	30,000円
CD・DVD等のソフト類	100,000円
遠征時の交通費・宿泊費	35,000円
自担掲載誌	25,000円
コスメ、洋服、香水	270,000円

計 620,000円

居住地域	埼玉県→東京都（近々引っ越し予定）	居住形態・結婚	もうすぐ結婚予定
社会人歴	5年目	貯蓄額	約70万円
年収	約420万円	雇用形態	正社員

いま実践していること

- 確定拠出年金
- コスメや高価なアクセサリーを買うときは、従業員割のきく勤務先の運営店舗で買うようにする

結婚ってこんなにお金がかかるの!? 入籍前に決めておくべきこと知りたいです!

同い年の彼と、もうすぐ結婚を控えています。が、結婚式、新婚旅行、引っ越し、家具……と想像以上にお金がかかり、今までコツコツ貯めてきた私個人の貯金がゼロになってしまいそうです。夫は同い年なのに無趣味なのでかなり貯金があるようですが、私は気持ちよく自分の趣味に浪費したいので、**お金は分けて管理したい**と思っています。**何かあったときの財産分与を含め、今後の金銭管理方法を決める上で注意すべきこと**はあるでしょうか?

ホッキョクグマさんへのアドバイス

ご結婚おめでとうございます! 人生でまだ経験したことないイベント、どんな心づもりが必要なんだろう。人によっては結婚式と披露宴で300万円くらいかかると聞きますよね?

結婚は100万円単位でお金が飛んでいきます! **金額が大きくなりやすいのは、結婚式、披露宴と新婚旅行。** さらに、新生活を始めるにあたっての賃貸契約関連、引っ越し、家財道具にもやはりお金がかかります。後者は自分たちの意思でだいたい決めることができますが、結婚関連の行事の中には、**双方の家族の意向を反映せざるを得ないものも多い**のです。

そうですよね、さすがに「予算オーバーだから今回のツアーはちょっと遠征減らそ！」なノリじゃ決められない……。

その代表例が、家族同士の顔合わせ、結納、結婚披露宴など。**結婚に向けて本格的に動き始める前に、まずは二人でしっかり話し合うこと。**とくに以下のポイントについて、二人の意向を固めると同時に、**お互いの家族へのヒアリング**も忘れずに行ってください。

①新生活と新居

初期費用のほか、結婚後も継続的にかかる家賃についても、おおよその目安を熟慮して！

②顔合わせ、結納

場所（遠方の場合は交通費も考慮）、結納品の有無。

（最近は、結納ではなく、顔合わせを兼ねた食事会にするパターンも多いです）

③結婚式、披露宴

場所（国内？ 海外？）、披露宴の有無。

余談ですが、会費制結婚式のような定額制プランは、あらかじめパッケージ化されたプランから少しでもカスタマイズすると、いっきに価格が上がります。なので、こだわりがある人にはおすすめできません。費用を抑えるなら無難にレストランウェディングがいいです。

ものすごく具体的な情報ありがとうございます……！

結婚したら「夫婦のお金」？　気兼ねなく浪費するためには

結婚後のマネープランについても、事前によく話し合っておいてくださいね。夫婦のお金の管理は、**「家賃、食費、光熱費は実費を二人で分割」&「毎月決まった額を貯蓄に回す」**という方法が実践しやすいと思います。

ふむふむ。オタ活に使うお金の捻出はどうするのがベストですか？

オタクを続けたいなら、**自分が使うお金は自分で稼ぐ＝仕事を続ける**ことをオススメします。DINKS（共働きで子どもがいない）時代は一番の「貯めどき」でもあります。貯蓄に回す金額は、頑張って**お互いに手取りの20%**を目指して。このルールさえ守れば、極端な話、**残りはオタク活動に使っても構いません。**

心強い……！「すぐに結婚予定はないけれど、いずれはするかも」という人が事前に準備しておくといいことはありますか？

理想は、**結婚までにしっかりとお金を貯めておくこと**です！結婚後に夫婦で協力して築いた共有名義の財産は、離婚時に財産分与の対象になります。反対に、結婚前に築いた財産は、それぞれ固有のものですから、財産分与の対象になりません。

はい！何にせよ貯金が大事！

最後に、コスメと自担の〝とっつー〟について、結婚相手の理解を得ることも忘れずに！コンサート、遠征、舞台観劇などの行き先は正直に申し出ましょう。**嘘をつかないことが、オタクと結婚生活を両立するための秘訣《ひけつ》**です。

まとめ

- 結婚準備を始める前に、結婚関連の行事にかかるお金についてしっかり2人で話し合う（双方の家族へのヒアリングも忘れずに！）。
- お互いの手取り20％を貯金し、自分の浪費分は自分で稼ぐこと。
- 趣味の活動についてパートナーの理解を得ておこう。オタク、嘘をつかない！

Case3 地方在住

ウオミミズクさん（25）

沼→ ジャニーズWEST

担当は桐山照史くんです。彼の魅力は器用なところと、ナイーブで気遣い屋なところ。
歌もダンスもトークも平均点以上にできるスペックを持ちながら、
感激屋ですぐ泣いてしまう一面もあり、そのギャップがたまりません。

年間支出パターン図

一定周期で確実にかかる費用

ファンクラブ会費	16,000円
月額制コンテンツ	4,200円
雑誌代	24,000円

計 44,200円

毎月購入する雑誌はないが、写真うつり等を考慮して年にこのくらいは買う。

単発＆臨時の出費

飲食費（遠征時に友人と外食）	30,000円
うちわ製作費	3,000円

計 33,000円

飲食費はひとりで行けば浮くが、やはり友だちとおしゃべりしたい…。うちわはボロボロになったら新調。

イベント毎の不確定な費用

ライブ、イベント、ツアー等チケット代	54,500円
上記に付随するグッズ代	15,000円
CD・DVD等のソフト類	22,200円
遠征時の交通費・宿泊費	115,500円

計 207,200円

遠征費は宿泊有（2回）、宿泊無（3回）。

居住地域	山口県	居住形態・結婚	実家・未婚
社会人歴	3年目	貯蓄額	なし
年収	約210万円	雇用形態	正社員

いま実践していること

- 500円玉貯金。そこから趣味に使うので貯まりはしない
- 実家のため、家に食材があるときはそれをお弁当にする
- いただきものの旅行券などは、遠征の交通費にあてて使い切る

月々の奨学金返済で家計が火の車。お給料を上げたいけど、今の職場は昇給が望めません。

職場は地方企業で、年々規模を縮小しており、これからも大幅な昇給は望めません。今でも、30歳の男性上司の手取りが18万円くらい、定年前の女性社員のお給料は私とほとんど変わりません……。毎月の奨学金返済に加えて、趣味にも少しはお金を使いたいので、**全く貯金ができない状況です。**

貯金が貯まったら、転職して上京したいと思っています。100万円を目標にしようと思っているのですが、気持ちを切らさないように貯金をするコツがあればお聞きしたいです。

来年から1～2年は趣味にお金を使うのをやめようかと思いましたが、**切り詰めすぎると自我が崩壊しそうなので、今の手取り内で趣味に使っていいギリギリの金額も知りたい**です。

ウオミミズクさんへのアドバイス

奨学金返済している人、周りにも多いです。月々数万円ってわりと負担だよなぁ……。ウオミミズクさんは、転職や上京など目標をつくって現状を変えようとしているのえらい！

奨学金返済や現在の職場での給料水準など、客観的にご自身の置かれている状況を把握できていて素晴らしいです！　ただ、ご自身でも認識されているように、実家暮らしとはいえ、現在の年収で、奨学金を返済しながら桐山君を応援し、さらに貯金もしていくというのは、現実には難しいと思います。これはジャニーズに限ったことではありませんが、コンサートのチケットやグッズの価格帯は基本的に**全国一律**で、かつ、**大都市圏の物価が基準**になっています。**地方在住のほうが生活費は低く抑えられますが、オタク活動費はそうもいきません。**

なるほど、たしかに……。地方在住だと、どうしても交通費もかさみがちですもんね。

目標としている転職＋上京を実現し、将来的に年収アップが見込める仕事に就ければ、生活費が上がったとしても、オタクを続けながら貯金ができます。25歳と、年齢もまだまだ若い！　**思い切って転職し、生活環境をガラッと変えてみるのもアリ**でしょう。

東京でひとり暮らしをするには、どれくらいの金額感を目安にしたらいいんでしょうか？

奨学金返還も鑑みて、いくらくらい貯金をしておきたいか、リアルな金額を説明しますね。

①上京後の生活費

東京でのひとり暮らしで最も大きな負担となるのは、毎月の家賃。周辺の治安や建物のセキュリティーなどを考慮すると、**1Kで7万〜8万円が現実的な目安**。そのほか、水道光熱費、通信費、日用消耗品なども考慮すると、**都内で快適なオタクひとり暮らしをするには家賃込みで月20万円は欲しい**ところ。

②奨学金返還

日本学生支援機構が実施する無利息の第一種奨学金なら、返還を急ぐ必要なし。利息のつく第二種奨学金の場合、早めに返還を終えることが理想ですが、経済的困難によって返還が難しい場合、**返還期限の猶予**を願い出ることも可能。**延滞する前に、返還相談センターに相談を！**

③貯金の目安

上記を踏まえ、**60〜80万円ほど用意できれば、東京でひとり暮らしをスタートできます。**

※交通費を含む引っ越し関連費用＝10万円、家具・家電・日用品＝10万円、生活費2カ月分＝40万円（上京後すぐに働けない場合は3カ月分）。

上京後の生活費については、社会人3年目なら、まだ会社から住宅手当が支給されるケースも多いので、転職活動の際はこうした福利厚生にも目を配ること。家賃補助があるのとないのとでは、自由に使えるお金に大きな差が出ます！

家具や家電は、リサイクルショップやメルカリを活用したり、友人・先輩から譲り受けたりすることで、もっと低く抑えられそう。東京にオタク仲間がいるなら相談してもいいかも。

貯金のモチベーション、どうやって保つ？

そうなると、まずは引っ越し資金。でも、「気持ちを切らさないように貯金し続ける」って難しいよね。

繰り返しになりますが、貯金を成功させる近道は、**無理のない金額で自動積み立て**を設定すること。「今月はちょっと苦しいから」と、積立額を引き下げてしまったり、キャッシュカードで数万円おろしてしまったりという甘えが、目標額の達成を遠ざけます。自分の意思で簡単に引き出せないような仕組みを最初につくっておきましょう。3年以内に使う予定のあるお金なら、**ゆうちょ銀行の「自動積立定額貯金」や、大手銀行・ネット銀行で用意がある「定期預金の積立購入」がおすすめ**です。

浪費女の「今月は使わないぞ！」はあてにならないですからね。

ウオミミズクさんの場合、転職・上京・ひとり暮らしという、とても前向きな目標があります。住んでみたい地域の家賃相場や、揃《そろ》えたい家具家電をネットで検索してみるなど、**あえて具体的な金額を意識してみて。**貯まっていく過程もワクワクして、モチベーションの維持につながります。

まとめ

- 思い切って転職するのもアリ！　貯金は上京後の生活費20万円・ひとり暮らし資金60万～80万円を目指して。
- 奨学金返還は猶予を願い出ることも可能。延滞しそうなときは返還相談センターを活用。

Case4 家族の介護

コウノトリさん(30)

沼→ ゲーム『Caligula-カリギュラ-』

アニメ化もした大好きなゲーム『Caligula-カリギュラ-』。シナリオ、キャラクター、音楽、デザイン、どれも最高です！　このゲームをやるためにＰＳ4を衝動買いし同人誌を買い込み、pixivで小説を書くようになりました。

年間支出パターン図

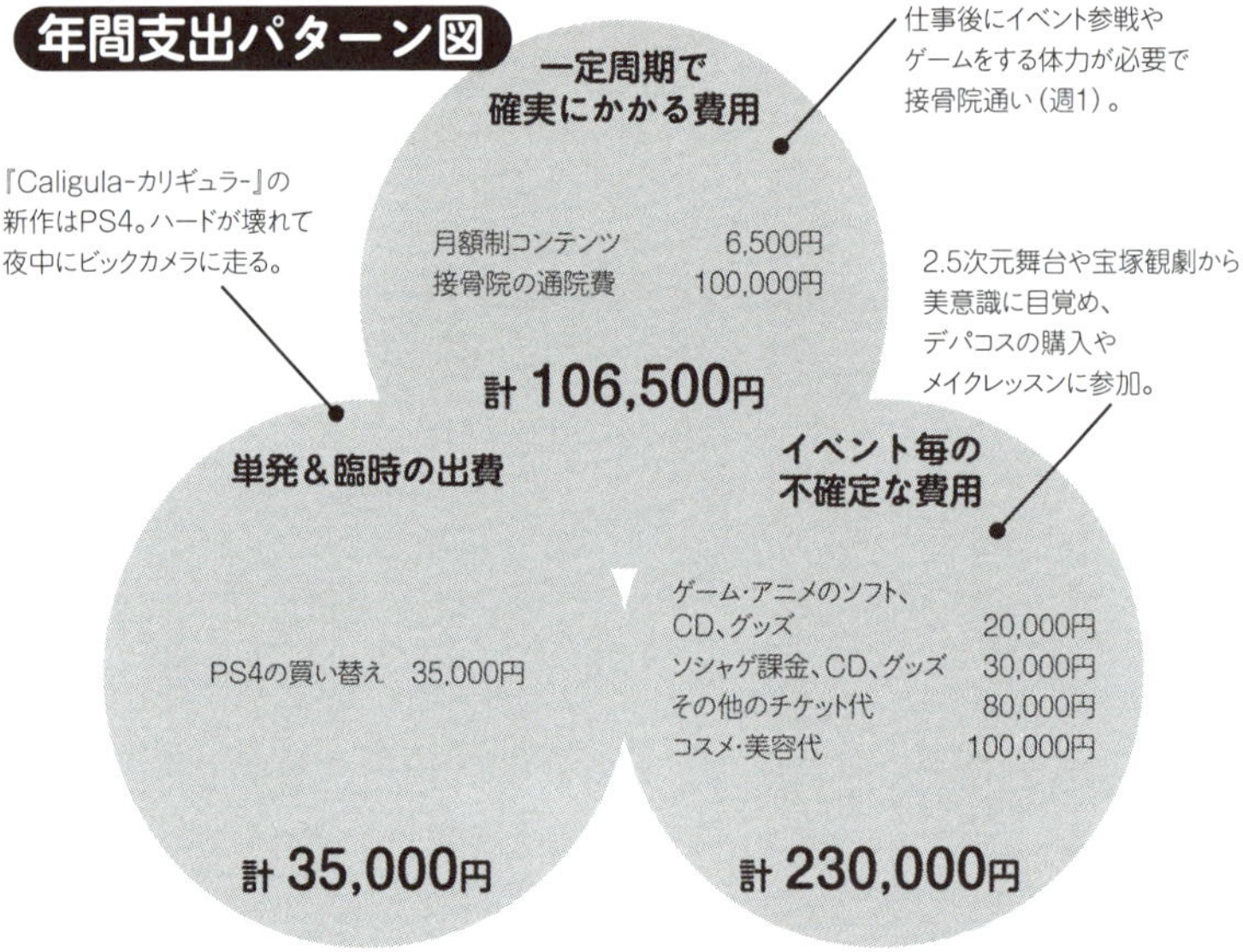

居住地域	東京都	居住形態・結婚	実家・未婚
社会人歴	3年目（それまでは無職・フリーター）	貯蓄額	約250万円
年収	300万円台	雇用形態	メーカー勤務、正社員

いま実践していること

- 財形貯蓄
- 普通の貯金（毎月ひとり暮らしした際の家賃分くらいを目安に）
- 家計簿をつける

要介護の家族がいて私が一家の大黒柱。
でもひとり暮らしもしてみたい、どうすれば……。

私には、介護が必要な兄がいます。兄も働いていますが、自立できるような金額のお給料はありません。**今後両親が高齢になり介護が必要になったら、私が一家の大黒柱です。**親と将来について話し合いたくてもはぐらかされてしまいますし、友人にも相談できません。このままだと私は結婚や出産もできないだろうと思っています。**薄給ＯＬが家族をどうやって養えばいいのか、使える制度があれば教えて欲しい**です。そして、矛盾してしまいますが、**ひとり暮らしもしてみたい**です。小さいアパートでもいいので自分の城を持ちたいと思っています。こんな私は自分勝手でしょうか？　家族のために将来を考えないと……という気持ちと日々板挟みです。

コウノトリさんへのアドバイス

よく考えていて立派な方だ……！　外野の発言になってしまうけれど、「ひとり暮らししたい」という気持ちは大切にしてほしい！　でも、家族の事が心配なのもわかります。優しくて責任感のある人ほど家族を無視できないよね。

250万円の貯蓄に加えて、財形貯蓄や毎月の貯金も実践していていいですね。これはぜひ継続してください。すべては、ご自身が一家の大黒柱になる可能性を見据えてのことだと思いますが、**過度に不安にならずに、一歩立ち止まって考えてみてください。**まず、介護を必要とする理由が、老齢によるものなのか、それとも障がい（＝障がい等級認定されている）によるものなのかによって、適用される法律と、利用できる福祉サービスが異なります。お伺いしたところ、お兄さまは障がいをお持ちだそう。ならば、お兄さまは障がい支援区分に応じて、**障がい者自立支援法に基づく障がい福祉サービス**を受けることができます。

ご両親に万が一のことがあった場合でも、コウノトリさんがすべてを背負う必要はないんですね。よかった……。

親というのは誰もが、自分の子どもに余計な心労をかけたくないと思うもの。将来の話をはぐらかされてしまうのは、ご両親がお元気で、現在はご自分たちで十分にお兄さまを介護できているからではないでしょうか。ご両親には、まだお若いコウノトリさんに人生を謳歌してほしいという想《おも》いもあると思います。コウノトリさんの不安も十分に理解できますが、**いっそのこと、親の愛情に応えるつもりで、ひとり暮らしをしたい旨、相談してみてはいか**

がでしょうか。人生経験のためにも、ひとり暮らしを経験してみるのはいいことだと思います。ここで万が一、ご両親が難色を示したら、理由を聞くとともに、お兄さまのことも含め、ご家族の将来について話し合ってみてください。ご両親には、一般的な賃貸借契約である**2年などの期間を決めた上で**相談するのも手ですね！

家族と話し合うときに確認すべき点はありますか？

ひとまず、ご両親に確認していただきたいのは、**障がい者扶養共済制度（しょうがい共済）の加入の有無**です。もしご両親が65歳未満で、お兄さまを扶養していらっしゃる場合、一定の条件下で障がい者扶養共済制度に加入できます。この制度は、ご両親が毎月一定の掛け金を納めることによって、ご両親に万が一（死亡・重度障がい）のことがあったとき、お兄さまに一定額の年金が一生涯支給されるというもの。各都道府県・指定都市が実施しているので、**民間保険と比べて掛け金が安く抑えられているほか、税金の控除も受けられます。**

コウノトリさんのケース以外にも、若くして一家の大黒柱を担うこともあるかもしれないですよね。両親が高齢で自分はひとりっ子だったり、家族が病気を患ったり……。

どうしよう……と思ったら、真っ先に市区町村に相談してください。自治体によって名称に多少の違いはありますが、代表的な相談窓口の名称は以下の通りです。

障がい福祉課……障がい者（児）にかかわる各種手当や支援の相談
高齢福祉課……デイサービスの利用や老人ホームの入所相談
介護保険課……介護保険全般の相談
生活福祉課……生活保護全般の相談

このほかにも、いわゆる心の病気（うつ、ひきこもり、統合失調症など）の疑いがある場合は、地域の**保健センター**を頼ることができます。保健師に電話や面談を通じて相談ができるほか、自立した生活のための支援も用意されています。

何かあったときのために、きちんと覚えておきます。

とにかく、**何があっても、ひとりで抱え込まないこと。**役所は、住民票や戸籍謄本を取りに行くだけの場所ではないんですよ！

まとめ

¥ 家族の介護はひとりで背負わなくても大丈夫。活用できる制度や備えについて、市区町村に相談するとともに、家族とも話し合いを。

Case5 一生独身覚悟

シェルティさん(32)

沼→ 関ジャニ∞、漫画(主に「ホイッスル!」)

関ジャニ∞の担当は安田章大《しょうた》くん。器用なところや、
普段とギターを弾いてるときとのギャップが好きです。
『ホイッスル!』は、2018年に開催された原画展に4日間皆勤しました。

年間支出パターン図

一定周期で確実にかかる費用

ジャニーズwebなども以前は登録していたが、読まない月が続くため解約。

ファンクラブ会費　8,000円

計 8,000円

単発&臨時の出費

関ジャニ∞の海外公演、『ホイッスル!』の20周年イベントに加えて単発も重なり高額。再就職があっさり決まり財布のひもがゆるんだせい?

海外遠征費(公式ツアー代18.5万円含む)	230,000円
海外公演のグッズ代	15,000円
『ホイッスル!』20周年に伴う出費	300,000円
その他単発出費	35,000円

計 580,000円

イベント毎の不確定な費用

2018年の海外遠征で一人旅もいいなと思ったので、今後は年1回ほど遠征したい。

ライブ、イベント、ツアー、映画等のチケット代	50,000円
上記ライブ、ツアー等に付随するグッズ代	30,000円
CD・DVD等のソフト類	40,000円
書籍、グッズ	40,000円

計 160,000円

居住地域	神奈川県	居住形態・結婚	実家・未婚
社会人歴	10年目	貯蓄額	貯金200万円、投資信託約100万円
年収	約350万円	雇用形態	製造業事務職・フリーター歴が長く、2018年から正社員に

いま実践していること

- NISAでの投資信託の積み立て
- 企業型確定拠出年金と会社が保険会社に委託している年金積立
- 楽天カードをできるだけ使い、そのポイントで書籍を購入
- ネットバンクを使う。残高や利用サービスに応じて振込手数料やATM手数料が一定回数無料になるし、定期の利息も多少よかったりするのでオトクです

ゆとりのある「おひとりさま老後」のために。資金作り、何から始めればいい？

親以外の他人と一緒に暮らすのは無理だと思っているので、**一生独身**のつもりでいます。**今から月にいくら積み立てておけば、老後にゆとりのある生活を送れるのでしょうか？**　例えば、節約を頑張らなくても年1回旅行に行ったり、必要になったら介護つき老人ホームに入れるような……。**今やっているNISAに加えて財形貯蓄や財形年金を始めたほうがいいのか**、高齢のひとり暮らしに適切な住まいは賃貸なのか分譲なのか……気になることが山積みです。また、持病のため定期的な通院があり、医療費が大きい＆医療保険に入れません。まだまだ**長い人生に備えてこれからやるべきこと、教えてください！**

シェルティさんへのアドバイス

シェルティさん、ハッピーな老後のビジョンがクリアでいい（笑）。「一生独身」でも安心して楽しく生き抜くために必要なこと、ちゃんと聞いておきたいです！

一生独身かどうかに限らず、大切なことはただひとつ。**「オタクでいるなら、自分が使うお**

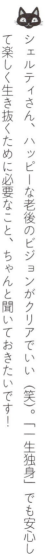

金は自分で稼ぐ」を徹底し、何があっても対応できるよう、「貯金＋資産運用」の組み合わせで資産をつくりましょう。**お金さえあれば、グループホームのみんなとライブDVD鑑賞会だってできますから！** シェルティさんは、NISA口座で投信積立を行っていたり、企業型の確定拠出年金にも加入されていたりと、すでに十分すぎるくらい**お金を貯めて増やすための方法を実践していますね。**ネットバンクを使っているのも◎。基本編は申し分ない！

お褒めの言葉が！ その上で、ゆとりある老後生活を営むための資産形成で目指す金額は、1章で学んだように3000万円ですか？

一生浪費したいなら、もしかしたら3000万円では足りないかもしれません。これからは、数千万円単位の退職金も見込めませんし、そもそも自分の意思で仕事を続けたり、やめたりできるかもわかりません。そこで私は、「10年で1000万円つくる」プランをご提案しています。初期投資額50万円、毎月6万円、目標運用利回り5％、運用年数10年を65歳まで続けて3000万円を目指すという設定ですが……。

初期投資50万円に、月6万円かぁ……今すぐはちょっと厳しいかも……。

6万円が難しければ、まずは半額の3万円でも構いません。「確実に続けられる金額」から始めて、少しずつ金額を上げていけたら理想ですね。何より重要なのは、「続ける」こと。最初の10年は難しくても、次の10年は月6万円で1000万円を目指す。**当面の目標を定めて、仕組みをつくれば、お金は自然と貯まります。**シェルティさんはこの「貯めて増やす」を実践できているので、次はさらに効果的な資産形成を実現するため、**投資信託に関する知識を少しずつ深めていってほしい**と思います。

投資信託！　いよいよ応用編ですね。

オタクが幸せになれる、失敗しない投資信託の選び方は、3章で解説します。が、ちょっと先走ってご説明しましょう。投資信託には元本保証がないため、どうしても最初の一歩を踏み出すのに二の足を踏んでしまう方が多いのですが、**目的を明確にし、それに合った商品を選んで組み合わせることができれば、大きな失敗は防げます。**

目的？　目標金額を目指す、じゃだめなんですか？

ポイントは、老後資金をつくるために「しっかり増やしたい」のか、それとも貯金などのまとまったお金を「減らしたくない」のか、どちらのパターンかを考えてみましょう。シェルティさんの場合は、老後におひとりさまになることを考えているのと、まだその「老後」への到達まで十分に時間があるので、「しっかり増やす」パターンの商品と組み合わせを実践してください。

損しない「投資信託の掟」→P176

持病があるため医療保険に入れない……どう備えればいい？

引受基準緩和型の医療保険を検討したことはあるでしょうか。持病がある方や入院、手術の経験がある方など、健康状態に不安を抱えている方でも加入しやすいよう、保険加入時の告知項目が限定された医療保険です。通常の医療保険と比べて掛け金が割り増しだったり、注意点はありますが、おひとりさまを意識するなら、加入を検討してみてもいいでしょう。

まとめ

- ¥ おひとりさま老後を目指して、「しっかり増やす」投資信託。
- ¥ 持病がある方も対象の引受基準緩和型の医療保険を検討。

Case6 フリーランス

フルーツコウモリさん（32）

沼→ ハロー！プロジェクト

推しは元Berryz工房の嗣永桃子さん。引退された後も、ずっと一番大好きです。
嗣永さんがプレイングマネージャーをされていた流れで、
ハロプロ現役メンバー（取材当時）ではカントリー・ガールズの梁川奈々美さんを推しています。

年間支出パターン図

一定周期で確実にかかる費用

ファンクラブ会費	5,100円
クレジットカード（2枚）	8,900円
動画配信サイト（2社）の定期使用料	18,000円

計 32,000円

クレカのうち1枚はほぼ使わないが職業柄新規作成時の審査が不安で、できればこのまま保持したい。

単発＆臨時の出費

うちわ、現場用衣装等の装備一新	3,000円
ツアーグッズ以外のグッズ代（写真集や書籍等）	30,000円
気になる俳優・アイドルの出演映画、観劇	30,000円

計 63,000円

エンタメ系の仕事のため「推しではないが興味がある、やや好き」な俳優・アイドルが増え、以前より映画、舞台鑑賞が頻繁に。

イベント毎の不確定な費用

チケット代	120,000円
上記に付随するグッズ代	50,000円
CD・DVD・音楽配信等のソフト類	30,000円
遠征時の交通費・宿泊費	20,000円

計 220,000円

今は特別な推しがいないにも関わらず使命感でライブに行き、想像以上にお金がかかっている。

居住地域	東京都	居住形態・結婚	2018年に離婚し、現在はひとり暮らし
社会人歴	10年目	貯蓄額	10万円
年収	約350万円	雇用形態	フリーランスでライター業（業務委託＋アルバイト）

いま実践していること

- 交通費など毎月かかる費用はクレジット引き落としにし、カードのポイントが貯まるようにする
- ストッキング、ちょっとした化粧品など消耗品を購入には、そのポイントを利用する

離婚で生じた借金を早く返したいけど、収入の見通しが立ちづらく、不安です。

20代から少しずつ貯めてきたお金を、昨年、**離婚に伴う引っ越しなどでほとんど使ってしまいました。**その際、親にもお金を借りてしまっており、できるだけ早く返したいと思っています。

しかし、**フリーランスのため、報酬の振り込みが不定期で、税金や年金ですら支払いが遅れてしまうのが現状**です。また、将来の収入の見通しも立たなかったり、執筆資料としての書籍、映像、音源などの出費も多く、減らすこともできません。一つひとつが気持ちの負担になるので、**少しでも安定させたいのですが、何かできることはあるでしょうか？**

フルーツコウモリさんへのアドバイス

報酬の振込タイミングが不定期なの、たしかに不安ですね。一定の収入でないと、「毎月これくらい貯める」の目標もつくりにくそう。

第1章でも解説したように、会社員とフリーランス（個人事業主）では、社会保障（とくに

年金と健康保険）の内容と金額が大きく異なります。**フリーランスは時間の融通が利く一方、いざという時のための備えや、老後のための蓄えについては、会社員以上に自助努力が必要**です。この差を解消するための**「上乗せ年金」**の制度が複数用意されています。iDeCoとの併用も可能で、iDeCoと同じように所得控除も受けることができます。

フリーランスが確認すべき【上乗せ年金】

国民年金基金……国民年金（老齢基礎年金）に上乗せして加入できる公的な年金制度。加入は口数制で、何口加入するかによって将来受け取る年金額が決まる。掛金の上限は、iDeCoとあわせて月6万8000円。

付加年金……国民年金保険料に一律400円を上乗せして納めることで、将来の年金額を増やすことができる制度。ただし、**国民年金基金との併用はできない**（国民年金基金の掛金には付加年金相当が含まれているため）。

小規模企業共済……個人事業主などのための、積み立てによる退職金（共済）制度。掛金額や加入期間に応じた共済金を受け取ることができる。掛金の上限は月7万円。国民年金基金、iDeCoとの併用も可能（3つの制度を全て利用する場合、月の掛金上限は6万8000円＋7万円＝13万8000円）。

会社員時代と同じくらいの収入が見込めそうだからといって、安易にフリーランスに転身すると、後々痛い目に遭うことになります。「想像していたよりも国民健康保険料が高かった」「老齢年金の受給見込額が少ない」「育児休業の制度がないとは知らなかった」など、あとになって「こんなはずじゃなかった……」となるケースも少なくありません。

仕事以外にも考えるべきことが増えますね。向き不向きも大きそう。

もちろん、そういう環境のほうが自分に合っている人もたくさんいると思いますけどね。どうしても会社員よりも薄くなりがちな年金制度や社会保障は、ご紹介した**「上乗せ年金」**の制度を活用してください。ただ、フルーツコウモリさんの場合、フリーランスとして得られる時間や業務形態、内容の自由度よりも、まずは収入を安定させ、平穏な気持ちを取り戻すことを優先したほうがいいかもしれません。離婚による金銭的、身体的な負担はとても大きかったでしょうし、ご両親に借りているお金も早く返済したいと思います。

まずは安心して働ける環境を。

執筆ジャンルは今ほど自由に選べないかもしれませんが、たとえば派遣社員でライターのお仕事を探してみてはいかがでしょうか。業務委託契約やアルバイトとは異なり、**派遣社員なら原則として派遣会社の社会保険に加入ができます。**税金や年金の支払いが遅れるようなことはまずありません。何より、**万が一のことがあった場合にフルーツコウモリさんを守ってくれるセーフティネットを確保できます。**まずはご両親に借りたお金を返済して、貯金を始められそうなところまで収入を安定させましょう。ない袖は振れません！

まとめ

- ¥ 気持ちと環境を整えるために、まずは収入の安定を目指したい。正社員や派遣社員の職業を探してみるのもあり。
- ¥ フリーランスを続けるのであれば、iDeCoのほか、国民年金基金や小規模企業共済の活用も検討して。

Case7 DINKS

チンチラさん(27)

沼→ 宝塚歌劇団

宙《そら》組の桜木みなとさんがご贔屓です。
舞台上でのよく伸びる歌声と表情に惹《ひ》き込まれます。
また素顔の桜木さんのニカッと歯を見せる笑顔も最高で、ギャップにやられます！

年間支出パターン図

一定周期で確実にかかる費用

ファンクラブ会費	10,000円
クレジットカード等会費	3,000円

計 13,000円

単発＆臨時の出費

2018年は結婚式費用、2019年は新婚旅行費用が臨時出費。結婚系の出費はこれで終わったはず！

新婚旅行	400,000円
夏休みの海外旅行	200,000円

計 600,000円

イベント毎の不確定な費用

贔屓の退団もなく宝塚関連は平常運転。新たに足を踏み入れた着物沼が、必要なアイテムも多く結構かさむ……

チケット代	350,000円
遠征費	40,000円
上記に付随するグッズ代	40,000円
宝塚以外のチケット代	170,000円
着物	250,000円

計 850,000円

居住地域	東京都	居住形態・結婚	夫と2人暮らし
社会人歴	5年目	貯蓄額	夫婦合わせて約600万円
年収	600万円	雇用形態	正社員

いま実践していること

- 家計簿をつける
- 夫婦の貯蓄は、毎月定額を家族用口座に振り込む
- 自分の貯蓄は、毎月はせず、ボーナスを7割ほど回す
- 夫婦の出費はすべてJALカードで支払い、マイルを貯めて遠征費を捻出する
- 会社から資格取得手当が出る資格をひたすら取得して臨時収入を得る

夫婦2人で自由気ままな毎日。子どもが生まれたら、どうなるの？

同い年の夫と2人暮らしです。お互いの会社と東京宝塚劇場へのアクセスを最優先したエリアに住み、平日は心ゆくまで仕事、休日は趣味を謳歌しています。そろそろ子どもを……と考えてもいるのですが、**出産や育児にかかるお金や、私の産休育休中にお給料がもらえなくなった際の生活シミュレーションができておらず、今の自由気ままな生活からどれくらい変わってしまうのだろう？**と不安で一歩踏み出せません。

チンチラさんへのアドバイス

「もっとお給料を上げたい」「今の生活を変えたい」と考える人もいれば、チンチラさんのように「今の生活を変えるのが不安」という人も当然いるよね。

ご夫婦ですでに600万円を貯めていて、さらにご自身でも貯金しているとのこと！　手当目的（?）とはいえ、堅実に資格も取得されているのは、とてもいいことですね。年齢を重ね、さらに子どもを抱えると、自分のためだけにお金と時間を使うことはどうしても難しく

なりますから……。

まずポイントは、ホッキョクグマさん（Case2）への回答でも出てきた夫婦の共同貯金でしょうか？

そうですね。夫婦貯金は、昇給したらその分貯金に多く回せるよう、**金額よりも割合**で考えて。**お互いに手取りの20%を目安**にしてください。ご自分の貯金は現在の方法でも構いませんが、ボーナスの変動額が大きい場合は要注意。月額にならした上で、割合を計算し、毎月のお給料から貯金に回すようにしましょう。

子どもが生まれる前に決めておいたほうがよいことはありますか？

家事育児にはそれぞれの家庭の考え方があり、正解はありません。子育てしながらも自由な時間を確保するために、**まずは時間の捻出方法について夫婦でしっかりと話し合うこと。**これはつまり、**家事育児の一部を、お金を払ってアウトソースする**ということにほかなりません。とくに、チンチラさんが仕事に復帰したあとの育児について、どこに重点的にお金を使

うか、2人でよく話し合っておくことが大切です。代表的なのは、保育施設と日々の食事。金銭的には負担が大きくなりますが、**時間を確保したいなら、病児《びょうじ》保育《ほいく》、ベビーシッター、食材宅配サービスなどの活用も検討したほうがいい**でしょう。

産休、育休中の金銭面も不安だよね。

産前産後の休暇中と育児休業中は、お給料こそ払われませんが、**会社員ならさまざまな手当を受けることができる**ので、過度な心配は必要ありません。1章でも紹介したように、**出産育児一時金**や、**出産手当金**なども生活を支えてくれます。8週間の産後休暇が終わって育児休業を取得すると、**育児休業給付金**を受け取れます。

知っているだけで、ちょっと安心できますね……！

このように、女性が妊娠や出産によって突如収入を絶たれ、生活に困ることがないよう、現在はさまざまなセーフティネットが用意されています。ただし、入院時の個室利用や産前産後ケアなど、**プラスアルファで利用するサービスは、原則自己負担**となります。

里帰り出産をする場合は、交通費も考えなくちゃいけないし。子どもを授かったあとに慌てないよう、2人で話し合っておきたいですね。

しっかり備えたい人は学資保険や子ども名義で定期預金という方法もあります。でも、教育費、医療費など無償化を進める自治体が増えて、小学生までは公的なものは意外とお金がかからなくもなってきているんです。**夫婦できちんと貯金すれば、何に使うかは自由。**自分も楽しんでいいんです。我慢しすぎずに、育児もオタ活も満喫してくださいね。

出産育児一時金……勤務先で加入している健康保険から一児につき原則42万円が支給される。

出産手当金……産前産後休暇中に給与の約3分の2の金額を受け取れる。

育児休業給付金……最長で子どもが2歳になるまで、育児休業中に給与の約3分の2（6カ月経過後は2分の1）を受け取れる。

まとめ

¥夫婦貯金は、お互いに手取りの20%を目安に。ボーナスは月額に換算して、お給料から貯金にまわす。

¥育児中の自由な時間を捻出するため、お金の使い方を夫婦で話し合う。病児保育、ベビーシッターなども活用できます。

¥産休・育休中に使える国の制度は徹底活用！（出産育児一時金、出産手当金、育児休業給付金）

アンケート

突撃！となりの貯金術

趣味に捧ぐお金を捻出するため、日々努力している浪費女子たち。アンケート（P88）で寄せられた「お金の習慣」の中から一部をご紹介します。

ソシャゲとクレカは連携しない、二度としない。クレカ引き落とし口座とお給料の振込口座は別にして、毎月決めた額だけクレカ口座に入れる。クレカだからと使いすぎないようにあえて不便にしておく。／**推しであるキャプテンアメリカの貯金箱で500円玉貯金**をしていること。過去にこれで貯めたお金を映画公開時にチケットとグッズ代で全額使い切りました（10万円ほど）。／あればあるだけ使う人間なので**お給料の天引き（財形貯蓄）や年金保険というちょっとやそっとでは使える状態にならない形でお金を置いておく**こと。／毎月5万円貯金に回し、うち**1万円はオタクごと用の積み立て**にしている。／日記に購入したものと購入した理由を書いています。衝動買いが減りましたし、買ったものに満足感が増しました。／とにかく使った金額はスマホの家計簿アプリに入力している。食費や光熱費などの項目に**推し代という項目**をつくりその中をさらに何に使ったかわかるように紙媒体、チケット代、ファンクラブ代、円盤、写真類、交通費などの項目に分けて記入することで使いすぎないようにしたいと思ってますが浪費は止まらない。／自炊！　とにかく自炊。大きな鍋いっぱいに野菜と肉だんごを入れたちゃんこ鍋（味つけは毎回変える）とご飯という食事をしてる。野菜食っとけばなんとかなると思っている。／なるべく昼食は自炊をしてます。もともと料理が好きなこともあり、**私が包丁でビートを刻む程、推し事がはかどるんだと思うと全然苦ではないです。**／**某アニメイトでは!!!　絶対に!!!　現金払い!!!**（ポイント貯まる速度が違うので）貯めたポイントはCDを積む時や推しの出演作が多くて金欠のときに使います。ポイントから1年間使った金額の逆算はしたくありません。怖いので。／**来月の自分が信頼できないので支払い方法を選択できる限りはデビットを使**い、極力クレカを使わないようにしてます。／**できる限りキャッシュレスで生活。**向き不向きはあると思いますが、記録が確実に残るから家計簿の記入漏れが減るしポイントも貯まるし小銭が増えないし現金しか駄目となったら諦められる（ときもある）しで、私には割と合っています。／現在就活中なのですが、**東京で就活関連の予定が入ったらその日のチケットの手配**をします。いずれ見る公演なので交通費の節約になりますが、目的と手段が逆になる感じがあります……。／新しく服やオタクグッズを買う際に**「墓まで持っていきたいか」を自問自答**する。買う段階ですらそう強く思えないものは、のちに手放すことがほとんどであると学んだ。／先日引っ越して、**あえて狭い部屋にして収納を減らし心を鬼にして推しグッズをだいぶ整理**しました。収納する場所が物理的にないので、グッズを買うことを減らして、少しでも節約になればいいなとは思っていますが自信はありません。／**推しているアイドル以外の全てのグッズを売りました。お前と心中する。**／信用金庫の通帳に好きなキャラクターがついているので、その**キャラクターの食費になるという設定で毎月1万円貯金**しています。途中で「学校帰りに買い食いをしたらしい」「今日はフレンチのフルコースを食べに行ったみたい」という設定で追加の貯金をすることもあります。始めたばかりですが絶対に貯まります。／**推しのためにつくっているというていで、毎日お弁当をつくる**ことによってランチ代を節約しています。お弁当のために自然と日もちのするおかずが増えるので、ランチ代だけじゃなく、食費全体にいい影響があることと、推しに食べてもらうということで自然と栄養バランスのいい食事になるところがオススメです！／同人活動をしているので専用の口座をつくって、その中でできるだけやりくりしています。**生活費から印刷費を出して死にかけたので……。**／百均で売っていた、ハガキサイズのドキュメントファイル（ポケットがたくさんあるファイルみたいなの）を用意して、**行きたい現場ができたらポケットのひとつをラベリングします。給料日がきたら、そのポケットにチケ代と交通費とグッズ代を入れます。**お席がご用意されてチケットが発券できたらチケットも入れます。現場の予定が物理的にいっきに確認できる楽しさと、当日はそのポケットの中（チケットとお金）を持っていけばいいだけという安心感と、先に軍資金を用意しておくことで〝お席のご用意の願かけ〟も兼ねていて楽しいです。お席がご用意されなかったときは、次の現場にそのままスライドします。／**有楽町、日比谷までの電車は回数券購入。チケットは絶対に定価以上では買わない。**どうにもこうにも定価で手に入らない現場なら諦めるというマイルール。／**一人でご飯食べるときは質素にして、遠征時などは思い切り美味しいものを食べる!!**／**常にいい状態でメルカリに出品できるように**本、CD、DVDは可能な限り丁寧に扱う。／ちょっとした飲み物やおやつを我慢するために**「宝塚歌劇団の舞台写真は1枚３３０円」をいつも心に刻んでいます。**／**５００円玉貯金と、飲み会を2回欠席したら1回観劇を増やしてもいいルール**を自分でつくってます。／**オタ活で急いでいるときはタクシー利用をためらわないこと。**仮に2時間の公演チケットが８０００円だとすると、単純計算で1分66円の価値があります。迷ったり電車を逃したりして30分遅れたとしたら２０００円の損失です。短距離だと運転手さんに申し訳ないなと思うこともありますが、安全と満足のためにこれからも頼りにします……。

座談会

インターネットで聞けない「お金」の話

劇団雌猫が開催したイベント「よいこのファイナンス」をもとに生まれた本書。自らもオタク女子である篠田先生との出会いや、声に出して読みたい浪費パワーワード、妄想力を生かした貯金術など、雌猫たちがアンケート回答をもとに気ままにお喋《しゃべ》りしました。

もぐもぐ　今回の本のテーマは、ずばり「お金、みんなこれからどうするつもり？」でした。いつか考えなきゃいけないと思いつつ、ずっと目を背けてきたこと。

かん　**末長く幸せに浪費するためには、貯めるほうにも目を向けないといけないという観点**ですね。楽しく使うことばかり考えてきたあのころから進歩を感じる……！　最初の打ち合わせで篠田先生が、**「私はお金を節約する方法ではなく、貯める方法を教えます」**ってキッパリ言ってくれて、最高の出会いに興奮した（笑）。

ユッケ　「まずは無駄づかいをやめましょう！」って叱《しか》られるかと思ってたよね。先生は私たちの気持ちを汲《く》み取ってくれた。

ひらりさ　なぜなら先生も浪費女だったから……。ありがたすぎる！

もぐもぐ　今回、アンケートも長文回答が多くて、熱量がすごかった！　みんな漠然とお金に関する不安はあって、相談したいけど、誰に何を聞けばいいのかわからない、って感じなんだろうな。私たちと同じだ。

かん　そもそもファイナンシャルプランナーさんがどこにいるのかよくわからないし。気軽に相談できる「おかねの窓口」みたいなところがほしい。

ひらりさ　うんうん。なんかお金の話って真面目にやらないと怒られるイメージがあるよね。学校でいう職員室みたいな。

ユッケ　わかる～！　この本はもっと気軽に行きやすい保健室みたいな本になるといいなって思ってる。

もぐもぐ　本書のためにおこなったアンケートでは、714名の方から回答をいただきました。**回答比率は、10代が1%、20代が58%、30代以上が41%。**

ユッケ　20代でお金について悩みはじめる感じ、リアルだ。

かん　10代のころなんて、**有り金全部アニメイト**だったもんな。

ひらりさ　「有り金全部アニメイト」、語呂がいい（笑）。

かん　社会人になってからは、昇給額がだんだんわかってきて、「これつまり10年後、これくらいにしかならないってこと?」って病んだ。

もぐもぐ　私は働き始めてしばらくは「毎月これだけお金がもらえる!? わーい!」だったけど、3年目くらいから「え、これいつまで浮かれてていいの……? マジでお金貯まってないけど平気?」ってなった。

ユッケ　偉いね、その感覚。私は正直、この企画が始まるまで、わーい! って感じだったよ。個人的には二〇一八年に会社を辞めたし、そういう意味では、いまだに今後がどうなっていくのかよくわかってない……。

ひらりさ　20代後半から30代って、社会人になって落ち着いて、お金のことをリアルに意識しだすタイミングなのかもね。

もぐもぐ　**「毎月いくら娯楽や趣味に使っていますか?」という設問では、7割近い人が毎月3万円以上と答えていました。**10万円以上というツワモノも8・8%。

かん　浪費女らしい数字だ。

ユッケ　雌猫のみんなは、月収のどのくらいを趣味に使ってるの？

ひらりさ　半分くらいは使ってるかも……。Ｇｏｏｇｌｅスプレッドシートにその月の資産額を記録していて、プラスマイナスだけはわかってるんだけど、何にいくら使ったとか細かい支出は把握してない。

かん　私も半分くらいかな。ひらりさんと違って、プラスマイナスすら把握してません！

もぐもぐ　なんでお金って毎月いつのまにか減ってるんだろうね!?　使い道を把握してないのがヤバいんだろうなって他人事《ひとごと》のように思ってる。

ユッケ　私は、年間で平均すると3分の1くらいかなぁ。舞台とかコンサートがある月は3分の2になることもある。つまり、貯金ができない。

かん　私は最近**毎月ごそっと貯金額と生活費を家族共用の口座に移して、その残りを全部使うようにしているんだよね。**この**「ごそっと移す戦法」**うまくいってる！

ユッケ　ごそっと移すの、マメさが問われない？　毎月やるの忘れちゃいそう……。

かん　家族から毎月請求がきて振り込んでる。ある程度大きい額だから、大きな買い物をした気分になって浪費王としては楽しいんだよね。

ユッケ　なるほど……ひとり暮らしの私は請求を自演すればいいのかな。

ひらりさ　**毎月推しからLINEが来るbot**をつくろう。

ユッケ　「今月、家賃厳しそうで……！　5万円お願い！」「かしこまりました」

もぐもぐ　振り込んじゃうな、それは。

引退した推しが突然の復帰！　試される経済力と判断力

もぐもぐ　ここからはアンケートの自由回答をピックアップしていきます。まずは、**「記憶に残る、オタクごとにまつわる思い切った出費とその額は？」**

30代後半でジャニーズ（Kis—My—Ft2）にハマり、それまでリリースしていたCD、DVDを全てカードで買いあさり、**翌月の給料日2日後にお金を下ろそうと思ったら385円しか残高がなくてATMの前で呆然《ぼうぜん》としました。** 多分10万弱くらいだったのでほかの方に比べると全然大したことないと思いますが……節度を保たないと身を滅ぼすなと思いました。

かん　わかる！　385円でもいいから下ろしたいのに、ATMは1000円以上じゃないとお金を下ろせないんだよね。

ユッケ　385円があれば、おにぎり買えるのに。

もぐもぐ　この人みたいに**いきなり何かに出会ってハマることもあるもんね。貯金、大事。**

好きなK―POPアイドルの釜山《プサン》ファンミーティング。釜山に行くだけなのに、2泊3日で15万円使いましたが、抽選式の座席が最前列だったので**実質無料**になりました。

韓国アイドルに夢中だったとき、年13回渡韓した。コンサートチケット代込みで120万円くらい出費。ただし国内での追っかけ代は除く。

台湾へのファンクラブ＋ライブ参戦ツアー。普通台湾は海外といっても近場なので、5万円あれば十分なところ、20万円超えました。

ユッケ　ファンクラブツアー、高いよね。

もぐもぐ　韓国とか台湾は、安く抑えようと思えばいくらでも抑えられるけど、**オタクごとが絡むと一気に予算感が爆上がりする**んだよね。愛の前では節約という言葉はなくなる……。

ひらりさ　運営に足元を見られてる！

ライブツアー初日に遠征しようとしたら、**当日に地元の空港が一時閉鎖するトラブルが発生。公演時間に間に合うよう飛ぶのかどうかわからない定価の航空券6万円を購入し直しました。**奇跡的に開始時刻に滑り込めたので、あのとき思い切ってよかったと思う出費です。

ひらりさ　とっさの判断。間に合ってよかった！

ユッケ　わたしも一回寝坊して飛行機代をドブに捨てたことがある。次の便を慌てて買った！

もぐもぐ　それ、頭の中はどんな感じなの？　真っ白になるのか、めちゃ冴《さ》えるのか。

ユッケ　まず朝起きて絶望だよね。起床5分で空港のカウンターに電話して事情を説明したら、「し

ＣＣだから振替はもう無理ですね」って言われて。とりあえず空港まで電車移動しながら、そのほかの飛行機の予約サイトを見まくって間に合う便を探した。

もぐもぐ ひえ～！　迷ってる時間はないもんね。

ユッケ 空港着いたらカウンターにダッシュして、**今この場で！　チケット買わせて！**って言った。

ひらりさ 面接でアピールできる対応力だ（笑）。

ユッケ そうしたら、クレジットカード支払いしかできないって言われて、私、まさにそのとき、**限度額で止まってて支払えず……。**

かん やばい、大スペクタクル！　ていうか、カード止まってるのもまずヤバいからね!!

ユッケ カウンターのお姉さんが頑張って他の方法を探してくれて、コンビニ支払いならいけるということで、空港のなかでコンビニを探してダッシュして、入金からの無事購入となりました。

ひらりさ ハッピー！

ユッケ みんな、カードの限度額には、本当に気をつけて……。**クレジットカードでしかできない買い物が世の中にある**ということを学んだよ。

¥

引退した推しが復帰すると聞いて、嬉《うれ》しさのあまり、スケジュールなどをいっさい考えずに秒でチケットを取ったこと。額は2万円程度ですが、あのときの嬉し泣きは忘れられません。

ひらりさ　この数行だけでじんときちゃう……。**オタク人生には予期しないことがいろいろある**から、きちんと備えなければ。

かん　自分の人生ならある程度予想がつくけど、ある日、いきなり引退したり復帰したりするからな、推しは。

もぐもぐ　そうだね（笑）。よりいっそうの備えが必要。

推しの生活費貯金、〝尊い〟貯金……楽しく貯めるオタクたち

続いて、**「いま実践しているお金にまつわる習慣はありますか？」**。いろんなアイデアがあっておもしろかった！　結構多かったのが500円玉貯金。しかもオタクならではの工夫《くふう》がいろいろ。

「顔がいい！」「え、ちょっと好きすぎて無理……」などと思ったときに500円貯金することを始めました。500円玉のおつりをもらうと「尊い貯金ができる！」と嬉しくなります。

推しが2人いるので、2人がツーショットをネットにアップしたら1000円貯金箱に入れる。現金なのがいい。ネットの写真に対する課金をしている感覚になる。共演時期になるとすごく貯まる。家計簿の全財産の総額にこの貯金箱のお金は換算せず「追いチケしたいが今月の予算が」とか「パンフとブロマイド代が足りないかも」とか「自宅からATMに寄ってる暇がない」というときに使う。推しがツイ廃じゃないタイプの方には**Twitterやブログの更新や画像アップをするたびに何円貯金、**というのはオススメです。

ユッケ　この貯金方法、天才か！　貯金箱に推しの写真を貼っておけば、やる気出るかな。

もぐもぐ　貯金箱に近い話だけど、前にTwitterで「おひねりっぽくする方法見つけた！」がバズってたよね。**推しキャラのポスターに切り込みを入れて、そこにお札を差し込むやつ。**

ユッケ　それもすごくいい！　おひねりといえば、大衆演劇を見に行ったとき、クリップで襟元に万札を挟んでたのがおもしろかった。

かん　女子高生のとき、サブバックに挟むのが流行った「コンコルド」み

たいなクリップね！　なんでこれが篠原《しのはら》演芸場の売店で売ってるんだ？　ってなった（笑）。

野球が好きなので贔屓《ひいき》のチームに**ホームランが出たら1本につき1000円の貯金をする。**

歌舞伎界の方が**結婚したら3万円、お子さんが生まれたら1万円を貯金。ご祝儀貯金。**

推しの結婚式に行った気分になる貯金。

身内ごっこ！

ご祝儀貯金、いろいろ応用できそう。ほかにごっこ遊び系だと……。

推しキャラの生活費貯金。推しキャラに生活費を払っているという設定で、専用の口座に定額を毎月貯金しています。どの作品でも、ちょっとだらしないクズみたいなキャラを好きになりがちなので、リアリティがあります。お金を下ろしたい気持ちになっても、これはあの子の生活費だから！　と思うと踏みとどまることができます。

かん　あ、これすごいわかる。さっき話した「別の口座にごそっと移す戦法」をするときに**「そのお金、好きに使いなさい」**みたいなセリフを脳内で言ってる。

もぐもぐ　セリフね（笑）。妄想大事！

ひらりさ　養いたい系オタクは貯めやすいかもね。

もぐもぐ　毎日コツコツできるこんなのも。みんないろいろやってて参考になる！

すぐにカフェに入らない！　コーヒーは会社にも家からタンブラーに入れて持って行きますし午後はインスタントで済ませます。意外とバカにならないカフェ代。

ノーマネーデーを実践し、お弁当を持っていく、コンビニに寄らないなど、「お財布を出さない日」をつくっています。また、**クレジットカードを一般とオタク用と分けて、オタク資金にどれくらい月に使ったかを可視化**しています。

かん　タンブラー持ち歩くのえらい！　私、タンブラーに入れて持っていくのはいいんだけど、洗うのができないから挫折する……。

ユッケ　わかる。洗うのって本当に面倒なんだよね。

株主優待でQUOカードや図書カードがもらえるものを選んで株を購入する。それで書籍類を購入。化粧品や服はクレジットカードで購入して、たまったTポイントを書籍購入にあてる。

とにかくマイルを貯めることに専念する。ポイントを貯めることを常に考えて、ANAマイレージモールを経由して予約、購入することを徹底する！　1カ月で6000マイルくらい貯まった月もあります。仕事柄出張や飲み会が多いので、いい人のフリして率先して予約してあげます（笑）。

ひらりさ　遠征勢にマイラー多いよね。

ユッケ　こういう、ちょこちょこしたやりくりができる人、本当に尊敬する。

カードや買い物で貯まった楽天《らくてん》ポイントは、CDや宿泊費にあてる。フリマアプリの売上金など給与振込以外の所得用口座をつくり、オタク資金の足しにしている。

通販やチケットの支払いをコンビニ支払いにして、なるべく現金を使うようにしています。そのほうがカード支払いよりもお金を使っている感覚がして浪費を防げるので……。

かん　**クレカ使う派と使わない派がいるね。**私は使わない派！

もぐもぐ　私は使いまくる派。使わないの、何か理由があるの？

かん　**ポイントのことを考えて基本カードで支払ってたら、早々に限度額に達して、レジで恥ずかしい思いしたことが何度かあって……。**家族共通だと、私が使ってなくても誰かが予想外に使ってたりして、いつ限度額になるかわからないから、心臓に悪い。

もぐもぐ　なるほどね。みんな何か貯めてるポイントはある？　アンケートだと、**ANA&JALのマイル、楽天ポイント、Tポイント**が多かったです。

ひらりさ　ポイントを気にしてる時間がストレスなので、自分の持ってるクレジットカードと紐付《ひもづ》いた、エポスポイント、エムアイポイント、楽天ポイントの3つに絞《しぼ》って貯めてる！

ユッケ　私も楽天ポイント貯めてる。あと、じゃらんnetのポイント！　じゃらんは、何回か遠征するとホテル1回分の宿泊費が貯まるから最高。

もぐもぐ　楽天トラベルもガンガン貯まるし、貯まったポイントでCD買えるのがいいよね。私はSuicaをビューカード&オートチャージにして、結構ポイント貯まってる。貯めるだけで満足しちゃって、使えてないけど。

ユッケ　オートチャージね！　しようしようと思って、できてない。

もぐもぐ　Suicaで買い物するのがそもそも楽だから、気づいたらポイント貯まってて、ズボラでも続くのがいい。でも本気でマイル貯めてる人の話を聞くと、もっといい方法がありそうって思っちゃうよね〜。

ユッケ　マイラーの話、一回どこかで詳しく聞いてみたいわ。

ひらりさ　ね、学びたい！

現場に通う費用を生み出すために、**一推し一立体**を掲げています。（ぬいやアクスタが好きなのですが買いすぎて置く場所もお金も消えたので、なるべく一人の推しに対してひとつの立体物を……）。ちなみに、今のところ新しく沿ったジャンルでは実践できています。これからはわかりません！

もぐもぐ　物理的に抑制するタイプ。「一推し一立体」、いい言葉（笑）。

かん　名言すぎるな。語呂がいい。

“使いながら貯める”式で、オタクでも貯金を諦めない！

もぐもぐ　アンケートではほかに「お金の悩みや不安」も聞いたのですが、**自分が悩んでいることは、みんなも同じように悩んでるんだなって思ったよ。**一緒に頑張ろうな！　って仲間意識が芽生えた。

ユッケ　同じ浪費女同士ね！　ちゃんと節約と貯金をしている友達の話を聞くと、すごいと思うと同時に、自分の現実に悲しくなってたんだけど、篠田先生と話して安心しました。もう貯金なんて無理なのでは？　と思ってたけど、無理じゃない！　私も頑張ります。

ひらりさ　「オタクだからお金が貯まらない」は、言い訳なんだと思った。使いながらも貯められる！

ユッケ　さっそくイベントのあと先生にすすめられたままにiDeCoと都民共済に申し込みました。不安に思ってても語り合えずに閉じこもっちゃう人は多いと思うので、語り合っていきたいよね。

かん　この企画を始めてから、みんな不安でよりどころを探してることがわかっただけでも、ちょっと安心できた。最初に「保健室」って話があったけど、今後の人生でもお金のことが不安になったら、まずはこの本を開いてほしいな。**悲観的にならずに、きっと前向きになれる！**

篠田先生の お悩み相談室

「とにかく貯金ができないです」「リボ払いってそんなにマズいんですか？」「自分の世代の平均貯金額を気にしてしまいます」などなど、アンケートで寄せられたお金の悩みを篠田先生に答えていただきました。

Q 「○歳の平均貯金額」をめちゃくちゃ気にしてしまう。

そんなの自分の勝手じゃい！　と思いつつも、平均に近づこうとして何度も通帳を見つめてしまいます。私は私、と割り切れるようになりたいです。（20代後半・会社員）

A 「平均」は意味をもちません。大切なのは、これから自分がどうするか。

　仕事柄、私もこの手のアンケートやデータを見る機会は多いのですが、ハッキリ言って、気にするだけ無駄！　そもそも「平均貯蓄額」は、必ずしもその金額を貯めている人の数が多いことを意味するわけではありません。ゼロという人もいる一方で、サラッと1000万円以上貯めている人もいるのが貯金。**金額のばらつきが大きいので、「平均」という値はほとんど意味を持ちません。**働き方、収入、ライフプランが人それぞれ違うように、今現在の貯蓄額も違って当然。**重要なのはあくまでも、これからどうやって貯めていくか、そして、増やしていくか、です。**

Q とにかく貯金ができない！

オタクでもできる貯金方法があれば教えていただきたいです。舞台が多いグループを推していて、現場によく行くタイプのジャニオタをしています。こんな私でも貯金はできるでしょうか？（20代前半・会社員）

A 引き出せない「聖域」に毎月積立。残りはオタ活に使って問題なし！

現場好きオタクにおすすめしたい貯金方法は、給料日に決まった額を別口座に移して、絶対に手を付けない&簡単に引き出せない**「聖域」**を作ること。

コンサートや舞台などいわゆる〝現場〟の多くは、チケットの申込みと実際の公演日までにタイムラグがあります。このため、事前に支払うチケット代と、当日必要な交通費・グッズ代・食費を含めた、総支出額を月単位で把握することが難しく、結果的に貯蓄から遠ざかってしまうのです。

そこで、支出額を細かく管理するのではなく、ざっくりと「聖域」を作った方が賢明です。毎月の貯金額の目標は、手取りの20%。難しければ、まずは1万円から始めても構いません。コツは続けられる金額を意識すること。**金額さえきちんと守れれば、残りは現場に使っても問題なし！**

こういう風に考えると、気持ちがラクになるし、続けられると思います。簡単に引き出せないように、本書で紹介しているiDeCoやNISAのような制度を使うか、貯蓄用としてネット銀行の口座を活用することをおすすめします。

Q クレジットカードとのベストな付き合い方は?

クレジットカードを使い過ぎてしまいます。魔法のカードではないと理解していても、贔屓チームや選手のグッズ、試合、イベント、移動費などでつい……。(20代後半・公務員)

A 1枚でも持っておきたい。使いすぎ防止には減枠を。

オタクにとってクレジットカードとの付き合い方は常に悩ましい問題です。ただ、結論から申し上げると、**クレジットカードは1枚で良いので、持っておくことをおすすめ**します。チケットの不正売買防止や消費増税に伴うキャッシュレス化の推進などを背景に、チケット代、グッズ代、遠征費などの**オンライン決済は今後ますます増える可能性が高い**からです。これからは、カードを持っていないと、快適なオタクライフが送れなくなるかもしれません。

使いすぎが心配なら、月々の利用可能枠を**減枠**すると良いでしょう。多くのカード会社では、減枠を申し出れば、利用可能枠を月10万円まで下げることができます。10万円以下に抑えるなら、銀行のキャッシュカードをデビットカードとして使うという手もあります。デビットカードは、銀行口座に紐付いているため、口座残高の範囲内でしか使えません。利用可能額を「1日あたり」の金額で細かく設定できるので、使いすぎを防ぐことができます。

Q 残高マイナス、リボ払いしてます。

ダメだなーと思いつつ、ゆうちょ残高をマイナスにしたり、カードをリボ払いにしたり……あれ？　結構借金多くね？　と思いつつ、出費が減りません。（30代前半・会社員）

A 気をつけて。その金利、消費者金融並みなんです。

まず覚えておいていただきたいのは、リボ払いを選ぶということはつまり、**消費者金融で借金するのと実質的には変わらない**ということ。リボ払いで利用者が負担する金利は年15％前後。多くのカード会社が『リボ払いにすると○○ポイントプレゼント』のようなキャンペーンを展開しているのは、それだけカード会社の儲けが大きいということに他なりません。消費者金融並みの高い金利を払っている以上、出費が減らないのは当然。**今すぐにやめましょう。**

また、銀行口座で残高以上のお金を引き出せるのは、当座貸越サービスによって自動的に融資が行われているからです。リボ払いほどではありませんが、当座貸越でも金利は取られます。癖になっていてどうしても止められない方は、今すぐ銀行にサービスの利用停止を申し出て！

Q とにかく漠然と不安。とにかくお金も苦手。

とにかく将来が不安です。でも何をすれば良いのかわからない……と思いつつ何年も経ってしまいました。将来の自分のために、遅いかもしれませんがしっかりと計画を立てたいです（30代前半・会社員）

とにかくお金のことが苦手。何をどうしていいやらわかりません。いい大人なのに。どうすればいいでしょうか。老後が不安です。（40代・会社員）

A まずは貯金から。第一歩を踏み出して。

最初からお金のことが得意な人なんてそういません。とはいえ、お金や財産にまつわる内容はプライバシーの塊であり、年を重ねれば重ねるほど、周りに助けを求めることが難しくなるのもまた事実です。FPだって、打ち出の小槌を持っているわけではありませんから、定年退職を間近に控えて「貯金がありません」と相談されても困ってしまいます。**繰り返しになりますが、無い袖は振れないのです。**

老後が不安だという危機感があるなら、**多少見切り発車でも、とにかく何かしら始めてみる**こと。月収3カ月分の貯金、手取り20%分の積み立て、iDeCo、NISA……今すぐにでも始められることはたくさんあります!

Q 新社会人になります。何から手をつけたらいいの？

来年から社会人になります。年上のオタク友達の話を聞いていると、結婚式でお金がかかる！　会社の付き合いでお金がかかる！　と、学生のわたしとは違うところにもお金がかかるようで、今のようなオタ活に全てをつぎ込む生活は危ないと感じています。社会人の自分がどのくらい浪費を続けられるのかわからずビクビクしています……。
（20代前半・学生）

A 20代は自己投資。どんどん使って、学びましょう。

働き始めて数年は、まだ修行の身です。何にどれだけお金がかかるかというのは、社会人生活をやっていれば自然と分かるようになりますし、オタ活にいくら使えるかという感覚も把握できるようになります。お給料や仕事の内容が安定するまでには数年かかりますから、**iDeCoやNISAを始めるのは、早くても社会人3年目以降で問題ありません。**

むしろ、20代は自己投資と思って、自分のためにお金と時間を使って。これは必ずしもキャリアアップに直結することだけでなく、オフィス仕様の服装・メイク、さらにはレストランでのマナーなど、失敗が許される若いうちにやっておくべきこと全般を指します。お金の使い方も、社会人としての立派な教養だということを、覚えておいてください。

Q 家、買うべきなんでしょうか？

結婚の予定もないので40代になったらマンション購入を検討していますが、持ち家か賃貸どちらがいいのでしょうか。とりあえず今はどちらも選択できるように、遠征や娯楽を減らして貯蓄を頑張る予定です。毎年かかげている目標ですが……。(30代後半・会社員)

A 建物の価値は減ります。「若い時期に新築をローンで購入」は要注意。

住宅購入に関しては、FPによって実に様々な見解があります。とはいえ、「年を取ると賃貸に入りにくくなるから」、「住宅ローンほど低い金利でお金を借りられる機会はないから」という理由で、総じて住宅購入を勧めるFPが多いと思います。私からまずお伝えしたいのは、**「貯蓄さえあれば、年齢に関係なく家はいつでも買える」**ということ。

どんなに良い立地でも、資産価値は確実に減っていきますから、**若いときに長期、且つ多額の住宅ローンを組むことはおすすめしません。**多額の借入は人生の選択肢を狭めるほか、ライフスタイルの変化に伴って住み替えたいと思ったときの足かせになる可能性もあります。

老後の住居なら、住む場所も含め、お金をしっかりと貯めてから考えても遅くはありません。中古のリノベーション物件など、そのときの生活に合った、オトクな物件に巡り合う可能性だって十分にありえます。40代という年齢にとらわれすぎず、来るべきタイミングに備えてコツコツと貯蓄を続けてください。

第3章

増やせるもんなら増やしたい！「資産運用沼」をもっと知る

ここからは効果的に資産を増やしていくための具体的な方法について解説します。既に何らかの保険に加入されている方や、iDeCo・NISAを活用している方は、答え合わせをする感覚で読み進めてみてください。

月給3ヶ月分の預金も貯まったし、iDeCoとつみたてNISAの口座開設も完了！　篠田先生に教わった基礎編のとおりに、「貯めて・増やす」仕組みづくりは着々と進んでいます！

素晴らしい！　すぐ調べ、すぐ動く――貯められる人の行動ですよ。なるべく早く、そしてできることから始めていくのが大事です。

はい、順調です！　……と言いたいところなんですが、ここにきてちょっとわからないことが。iDeCoもNISAも「投資信託」の銘柄を選ばなくてはいけないですよね。どうやって決めればいいんですか？　それぞれの説明を読んでも、何が何だか正直よくわかりません。インデックス型とか、アクティブファンドとか……。

おお、よく勉強していますね！　では、そろそろ応用編に行きましょうか。ここからは忙しいオタクでもできる、**「ほったらかしで増やす」コツ**をお話していきたいと思います。

そ、そんなおいしい話が？　ここまできて、だまされたくないです！

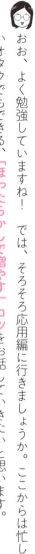

怪しい商材を売りつけたりしないですよ！　資産運用に初めて取り組むなら、知っていてほしいのはこの2点。

¥「使う」と「貯める」で金融機関を使い分ける
¥損しない「投資信託の掟」で賢く運用

「たくさんありすぎて、どの投資信託を選べばいいのかわからない！」あなたに向けて、今オススメの6銘柄もピックアップしましたよ。

やっぱり先生、頼りになる！　ありがとうございます！

では、金融機関の使い分けから始めましょう。「資産運用沼」の世界へようこそ！

応用編

「使う」と「貯める」で金融機関を使い分ける

「NISAを始めるならネット証券がおすすめ」とのことでしたが、そもそも、銀行と証券会社ってどんな風に使い分けるんですか？

いい質問です！　私が銀行と証券会社の双方に勤務し、さらに自分でもコツコツと資産形成を続けてきた中で改めてわかったのは、まさにその**「金融機関の役割分担をすべき」**ということでした。

金融機関を賢く使うなら

「増やす」は証券会社に、「貯める」「借りる」は銀行に、それぞれ任せる。

規制緩和が進んだことで銀行と証券会社の垣根は低くなりましたが、現実には、それぞれ「できること」「できないこと」があり、さらに得意な分野があります。例えば、証券会社は銀行のように定期預金や住宅ローンを取り扱うことはできません。一方、銀行は証券会社のように株を取り扱うことができませんし、証券会社と比べると投資信託のバリエーションも限定されています。

なるほど〜、そもそも選べる商品が違うんだ。

そうです。さらに、このように金融機関の使い分けをおすすめします。

iDeCoとNISA（つみたてNISA）はネット証券
預金は現在のメインバンク＋ネット銀行

証券会社のなかでも、ネット証券がおすすめなのはなぜでしょう？

理由はとてもシンプルで、**ネット証券は圧倒的に手数料が安い**んです。また、ネット証券なら、**口座開設を含む多くの手続きをスマホで完結できますし、100円単位という少額から取引ができます**。代表的なネット証券は、SBI証券と楽天証券。口座数ナンバーワンのSBI証券は、取引に応じて「SBIポイント」を貯めることができます。楽天カードや楽天市場など、楽天グループのサービスを利用している方なら楽天証券がおすすめ。取引に応じて「楽天スーパーポイント」を貯めることができるほか、ポイントを投資信託の購入に充てることもできます。

ふむふむ。「貯める」お金と「増やす」お金、どれくらいの比率で分けるべきですか？

1章でもお伝えしたように、**銀行預金は、日々の生活費＋月収3カ月分。基本的には、近い将来（概ね3年以内）に使い道が決まっているお金を置いておくところ**と考えてください。

まずは、ある程度の貯金を優先。それ以上あれば、ネット証券と連携したネット銀行にうつし、投資にまわす！　ということですね。

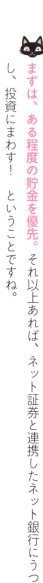

メインバンクに置いておくとしても、さらにもうひと工夫もできます。普通預金に全額を預けるのではなく、**一部を「1カ月満期」のような、期間の短い定期預金に振り分けて、キャッシュカードで簡単に引き出せないよう、隔離しておくんです。**私も、冠婚葬祭の費用など、近い将来使う可能性の高いお金は、この方法で管理しています。

簡単に引き出せないように隔離する、大事……！　でも、定期預金の金利って、預入期間が長い方が高いって聞いたことがあります。

預入期間が短いと利息は小さいですが、ここでは**必要になったときに引き出せる**ことを重視しているので、わずかな金利差は気にしません。この際、**「元利《がんり》自動継続」**にして預け入れれば、**定期預金の満期が来ても自動的に預入期間が更新される**ので便利です。

ちなみに、いざ必要になったときに引き出すにはどうするんですか？

定期を解約してお金を引き出したい場合は、原則満期日の前日までに「満期自動解約」の変更手続きをとれば、簡単に普通預金に振り替えることができます。

いつもの口座にあると、いつのまに使っちゃってることありますもんね。冠婚葬祭や引っ越し資金、この方法で確保するとよさそう。

預入期間は、「1カ月」なら多くの銀行で取扱いがあります。各行の金利には若干の差がありますが、ここでの定期預金の利用目的は、先にも述べた通り**貯金箱のように一時的にお金を置いておくため。**ですから、**目先の金利よりも銀行口座の使い勝手の良さを優先**してください。

先生は銀行の使い分けもしていますよね？　メインバンク＋ネット銀行の組み合わせってどういうメリットがあるんですか？

ネット専用銀行は、預金金利が高くスマホアプリなども充実していますが、利用できるサービスを限定されていることが多いです。1章でご紹介した都道府県民共済の引落し口座には指定できないほか、一部の公共料金や口座振替にも対応していません。現在のメインバンクが都市銀行、地方銀行、ゆうちょ銀行のいずれかなら、**その口座にプラスしてネット専用銀行の口座を持っておくと便利**です。

ネット銀行の選び方のコツは？

おすすめは、**「増やす」ほうで選択したネット証券の口座と連携可能なネット銀行**です。たとえば、楽天証券なら楽天銀行、SBI証券なら住信SBIネット銀行と口座連携すると、預金金利の優遇だけでなく、**ATM利用手数料・振込手数料の無料回数が増えるなどの特典**を受けられます。

参考に、先生が使っている金融機関が知りたいです！

私の場合、メインバンクに長年新生銀行を利用しています。給料の振込やクレジットカードの引落しなどは全てこの口座です。

図8　金融機関選びのコツは「組み合わせ」

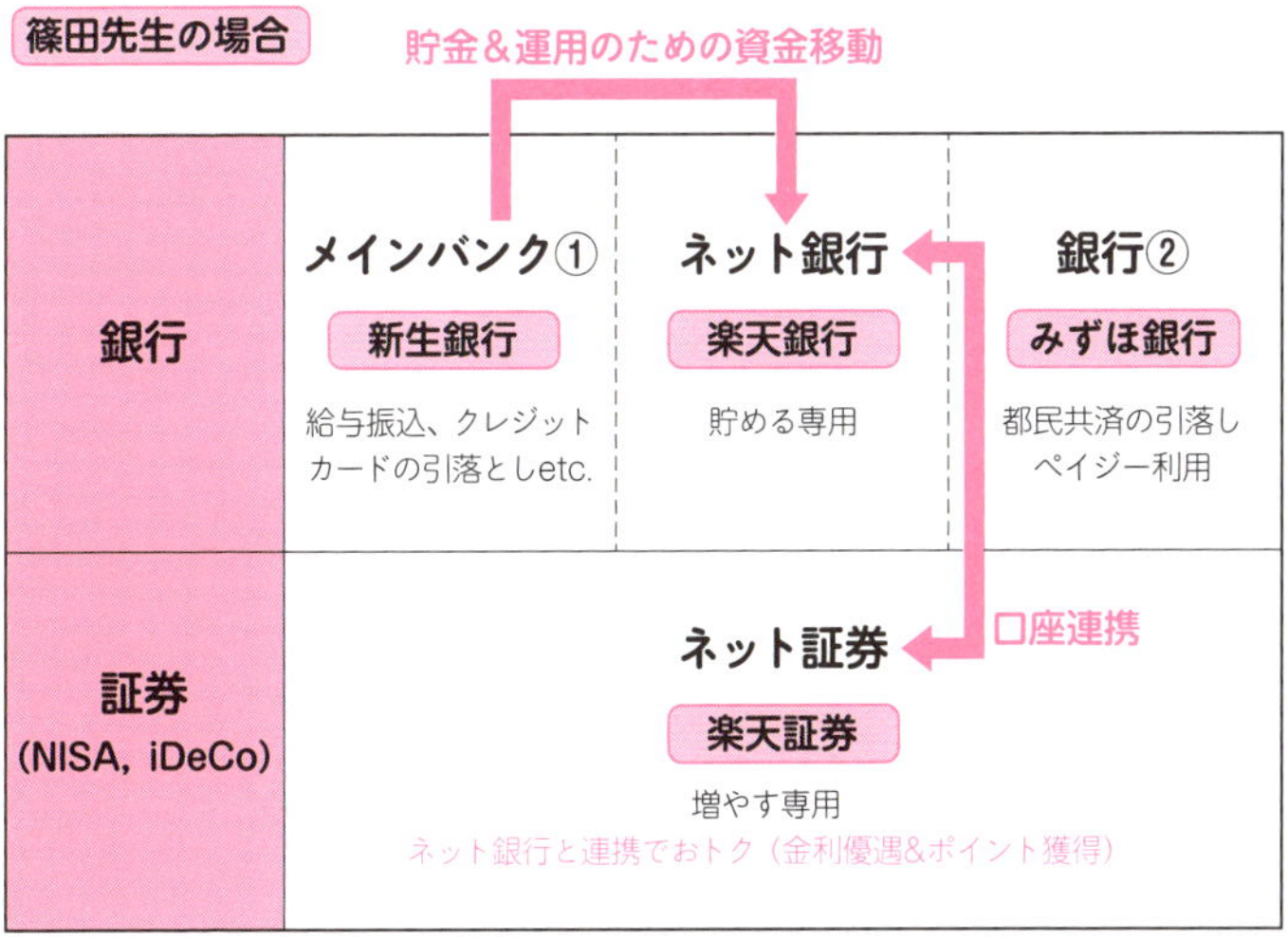

ここから、貯金と資産運用のための資金を楽天銀行に移し、楽天証券の口座と連携させて資産運用をしています。残念ながら、新生銀行と楽天銀行は、都道府県民共済の振替口座として指定できないため、都民共済の振替口座としてみずほ銀行も利用しています**（図8）**。

かなりイメージがわいてきました。口座からお金を引き出すときに気を付けることはありますか？

現場オタクの私は頻繁にチケット代の振込をするので、様々な形態の「振込」に対応できるよう口座を使い分けています。ネット振込は新生、ATMでの振込みとペイジーはみずほです。楽天銀行は、「貯める」＆「増やす」ための大切な原資の預け先なので、絶対に手を付けません！　こうした自分なりのルールを作っておくことも重要ですよ。

「マイルールを作って使い分ける」……っと。先生は保険は都民共済だけですか？

現在は都民共済しか加入していません！　今後年齢を重ねるにつれ、自分や家族について気にすべき点が増えていったら、そのときにまた見直しを検討します。

保険でお金を増やそうとしない

テレビで指原莉乃さんが「60歳からお金が受け取れる保険」に入っているっていうのを見たんですが、そういう保険もあるんですね。老後の不安を少しでも解消できるなら良いかな〜、なんて気になっていました。

指原さんが加入されているのはおそらく、**個人年金保険**と呼ばれるものでしょうか。個人年金保険とは、国民年金や厚生年金のほかに、**自分で老後資金を用意するための保険で、貯蓄性が高い**のが特徴です。一定の条件の下、税金の控除を受けることもできます。

あれ？　なんかどこかで聞いたような……。

国民年金や厚生年金のほかに自分で用意する……という点は確定拠出年金・iDeCoとよく似ていますよね。もう少し詳しく説明すると、加入時に保険料を一時払いするか、または、月払い・半年払い・年払いのように分割して支払い、一定期間据え置いた後に「年金」として受け取ることができるというものです。

iDeCoとの違いはなんですか？

決定的に違うのは、**国の制度ではなく、あくまでも保険会社が提供する保険商品**だということ。ですから、**間接的に手数料がかかります。**また、詳しい説明は割愛しますが、節税メリットはiDeCoの方がはるかに大きいです。若いうちから十二分な収入・貯蓄があるような特殊なケースを除けば、やはりiDeCoを優先していただきたいですね。

……はい、わかりました。私たちはさっしーとは違うので素直に従います。

そもそも個人年金保険は、40~50代以上の、ある程度のまとまったお金がある世代向けに作られた商品がほとんどです。だからこそ、年金受取開始前に自分が亡くなっても、遺族が死亡給付金を受け取れるなど、家族に資産を遺すための機能が付いているのもまた特徴。「個人年金保険」という名称ゆえ混同される方が多いのですが、公的制度であるiDeCoとは全くの別物なんです。

まずは、手数料いらずで節税できるiDeCo！心に刻みます。

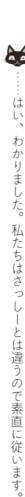

そうそう。保険はあくまで万が一のときのための備え。お金を貯めて増やすなら、「まずはiDeCo」が鉄則です。

そうなると、次は**iDeCoの中身をどうするか。**投資信託を選ぶって言われてもどうしたらいいのか正直よくわかりません。とりあえず口座開設はしたけど……！

iDeCoやつみたてNISAなどの制度を使う、使わないに関係なく、投資信託は**ポイントさえしっかり押さえておけば、あとは基本的にほったらかしで問題ありません。**投資信託の仕組みについて、もう少し詳しく見ていきましょう。

―応用編―

損しない「投資信託の掟」で賢く運用

投資信託（ファンドと呼ぶこともあります）は、**運用をファンドマネジャーと呼ばれるプロにまるっとお任せできる金融商品**です。ファンドマネジャーは、あらかじめ掲げた投資方針に則って、皆さんから集めたお金を株・債券・不動産などに分散投資します。

「プロにまるっとお任せ」ってよい響き！

趣味の一環として株式投資や資産運用を極めたいなら別ですが、**オタクはとにかく忙しくて時間がない！** だから、一定の手数料を負担しても、その道のプロに任せて効率的に資産運用をした方が賢明です。現に私も、自分の資産運用は全て投資信託でやっています。

でも、預金と違って元のお金よりも減ってしまう、損する可能性もあるんですよね……？　そこがちょっと不安。

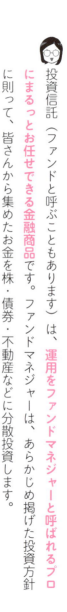

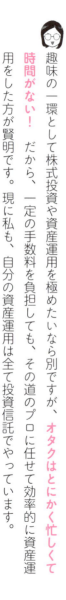

はい。**投資信託には預金のように元本保証の機能はなく、株式のように日々値段が変動します。**この値段は「基準価額《きじゅんかがく》」と呼ばれ、1日に1回公表されます。基準価額は、一般的に、1万口《くち》当たりの値段を指すことが多く、「1万口あたり1万円」から運用をスタートします。

「基準価額」に「口」？　なんとなくイメージしずらい……。

う～ん、そうですね……スーパーで売っているパックのお肉をイメージするとわかりやすいかもしれません。パック肉は、「100グラムあたり○○円」として売られていますよね？　お肉の「グラム数」の値段が日によって変わるように、投資信託の場合は「口数《くちすう》」あたりの値段が運用の成果によって日々変動するイメージです。つまり、日によって1万口あたり1万500円に上昇したり、9500円に下落したりするのです。

ふんふん、理解できました。とはいえ、パック肉がタダになることはないけど、投資信託はゼロ円になることだってあるんですよね!?

理論上はありえます。ただ、実際にはそこまで成績がひどいと、プロであるはずのファンドマネジャーも赤っ恥をかくことになるので、自然と人気が低迷して淘汰《とうた》されていきますね。

人気が出ないソシャゲがサービス終了していくように……。せっかく集めた投資資金、できるだけ減らさないコツはありますか？

リスクを完全に排除することはできませんが、工夫して小さくすることはできます。

損しない「投資信託の掟」

その1　「大きく下げない」銘柄を選ぶ

その2　積立でコツコツ続ける

この2つを守れば、投資信託での大きな失敗を回避できますよ。

「大きく下げない」ってどういうことですか？　いきなり最初からわかりません……！

落ち着いて！　ひとつずつみていきましょう。

掟その1　「大きく下げない」銘柄を選ぶ

「下げない」といっても、株価が下がれば投資信託の値段も下がるんですよね？

そうです。投資信託の基準価額は、市場環境とファンドマネジャーの腕によって、上がる時もあれば下がる時もあります。私たちは利益が出ることを期待してプロに託しているわけですから、環境が良いときに値段が上がるのは、当然といえば当然。むしろ、上がってくれないと困ります。**大切なのは、市場環境が悪化したときの対処法**です。

テレビで「日経平均が急落」とか言ってるアレですね！

1万円で運用を開始した投資信託が5％下がると9500円になります。でも、その9500円に下がった投資信託が頑張って5％上がったとしても、9975円で、1万円には届きません。9500円の投資信託が再び1万円に回復するには、約5・3％上昇する必要があるのです。

ほんとだ〜！　5%下がったらまた5%上がるのを待てばいいわけじゃないんだ！

ちょっとした数字のカラクリです。このように、一度値段を下げてしまうと、再び同じ水準まで戻すには大きなエネルギーを要します。だからこそ、**一時的に下げることはあっても、「下げすぎない」ことが重要**なのです。

な、なるほど……！　どうしてもリターンの大きさだけ気になってましたが、そういう見方もあるんだ。

素早くリスクを察知してブレーキをかけ、省エネ運用をしている投資信託の方が、中長期にわたって安定した利益を獲得できます。こうした運用ができるかどうかは、ファンドマネジャーの腕にかかっています。具体的な銘柄は、もう少しあとでご紹介しますね。

株価が5%値下がりしたら？

運用開始時（1万円）から、5%下落すると……9500円

下落してから5%上昇しても……9500円×1.05＝9975円

→元値（1万円）には届かない！

元値（1万円）にとどくには……1万円÷9500円—1＝約5.3%

→元値に届くには、下降ぶん以上に上昇する必要がある

「省エネファンドで安定運用」、メモメモ……。

それともう1種類、**インデックス型**という投資信託をご紹介しておきましょう。インデックス型とは、日経平均株価やニューヨーク・ダウ平均など、代表的な指数（インデックス）と概ね同じ動きをするよう設計された投資信託です。

ふんふん。これは聞いたことあります。

指数と連動しているので、例えば日経平均なら、**その日の日経平均株価が下がれば、同じだけインデックス型の投資信託の基準価額も下がります。**ファンドマネジャーの運用力はさほど関係ありません。ちなみに、先ほどご説明した、ファンドマネジャーの運用力が試されるタイプは、一般的に**アクティブ型**と呼ばれます。

インデックス型とアクティブ型……。結局どっちの方が良いんですか？

どっちが優れているということでなく、使い分けが重要です。例えるなら、インデックス型は、どの店舗でも同じ価格と味を提供するチェーン店。アクティブ型は、シェフが腕を振るうこだわりのビストロといったところ。価格や期待される味など、それぞれに良さがありますよね。

たしかに。パパッと安く済ませたいときのチェーン店はありがたいけど、友達と会う時はちょっと奮発して美味しいものが食べたい！

インデックス型の最大の魅力は、なんと言ってもコストの安さ。ただ、下落時にブレーキをかけることを含め、ファンドマネジャーが独自の投資判断を下すことはできません。チェーン店と同様、**マニュアルに沿った運用だからこそ、コストを安く抑えることができる**のです。

わかりやすい！　……で、結局何を意識して買えばいいんでしょうか!?

リスクをゼロにすることはできませんが、買い方を工夫すれば抑えられます。これが、**大きな失敗を回避する2つめの方法、投資信託の積立（定時定額購入）です。**

掟その2　積立でコツコツ続ける

定額購入、つまり毎月一定の額を買っていくということ……？

その通り！　毎月決まった日に、決まった金額で自動的に投資信託を買い付けていく買い方です。市場環境が不安定になって保有する投資信託の基準価額が大きく下落すると、気持ちが落ち着かず、冷静な判断ができなくなります。インデックス型、アクティブ型に関係なく、**積立は、下落時の「心の拠りどころ」として重要な役割を果たします。**

ええっ、下がったら当然不安になっちゃうと思うんですが！

基準価額が下落すると、より多くの口数を買うことができるからです。お肉も、グラム数あたりの値段が下がると、同じ予算で多く買うことができますよね。それと同じです。

豚バラは特売日にたくさん買って冷凍しておけばオトク、的な……。

そうです。投信積立を行うメリットの1つは、**基準価額の下落時ほど、より多くの口数を購入でき、平均買付単価も下げられること。**だから、一見するとリスクが大きいファンドほど積立の効果が表れやすいのです。積立を続けていく中では、どうしても基準価額が高い時も安い時も出てきます。一時的な価格の上下に振り回されず定額を積み立てていくことで、長い目で見ると、**平均の買付単価をならすことができる**んですよ。

なるほど〜！　安易に株とか始めると「株価下落が気になって仕事にならない！」ってなりかねないし、積立の方がメンタルによいかもしれない。

ただし、**この積立効果を実感するまでには、平均的に2年から3年くらいの時間がかかります。**日々の値動きに一喜一憂することなく、時間を味方につけて、無理のない金額でコツコツと続けていくことが、投信積立成功の秘けつです。

日々一喜一憂せず3年以上……！　だから「ほったらかし」でOKってことですか!?

その通り！　投資信託と積立の組み合わせは、忙しいオタクにぴったりなんです。もうお気付きと思いますが、**ｉＤｅＣｏとつみたてＮＩＳＡなら、自動的にこの投資信託の積立ができます。**

コツコツ積立するとして、最低いくらから始められますか？

ｉＤｅＣｏは５０００円、ＮＩＳＡは月１００円から可能です。余裕ができてきたら、総額で月３～６万円を目標にしてみてください。

わかりました！　……それで先生、買うべき銘柄はどれですか？

はいはい。本書では、コストが安く、商品のバリエーションが多いネット証券を前提にご説明します。各制度との相性を考慮し、コスト効率の良い、中長期で付き合っていくことができる銘柄を選びました。次のページから紹介します。

迷ったらコレを選ぼう!

おすすめ銘柄6選

本書でご紹介した、iDeCo、一般NISA、つみたてNISA、それぞれの制度と相性の良い投資信託を篠田先生が厳選！　まずは、気になる銘柄を１本選んで、資産運用の第１歩を踏み出して。慣れてきたら複数銘柄を組み合わせてみても良いでしょう。

プロ＝ファンドマネジャーの力を借りられる「アクティブ型」4本と、指数に連動した運用成果を目指す「インデックス型」2本、計6本をご紹介。いずれも、良好な成績を収めている「お墨付き」銘柄です。

※iDeCoは楽天証券、一般NISA／つみたてNISAは楽天証券とSBI証券の取扱い銘柄を前提としています。

iDeCo　iDeCoで選べる　一般　一般NISAで選べる　つみたて　つみたてNISAで選べる　初心者でも安心

iDeCo

投資のソムリエ（DC年金）（アセットマネジメントOne）

投資初心者におすすめしたい、「定期預金プラスアルファ」程度のリターンが期待できるファンド。相場急変時のブレーキの掛け方が上手く、値動きのブレは低めに抑えられている。

iDeCo　つみたて　一般

楽天・全世界株式インデックス・ファンド（楽天投信投資顧問）

日本を含む全世界の株式、約8000銘柄（!）にまるっと投資ができる。NISAは一般、つみたてどちらも対象。

つみたて 一般

eMAXIS Slim 全世界株式（除く日本）（三菱UFJ国際投信）

こちらは日本株を含まないタイプで、約2500の銘柄に投資できる。
海外に特化して投資してみたい方、
既に株式投資をしている方にもおすすめ。

一般

三井住友・配当フォーカスオープン（三井住友アセットマネジメント）

日本企業の株式に投資ができる。
配当という定期的に見込める収益と、株の値上がり益の双方を追求し、
約15年にわたって安定した成績を収めている。

一般

ラッセル・インベストメント外国株式ファンド（ラッセル・インベストメント）

日本を除く、先進国企業の株式に投資ができる。
複数の会社から異なった強みを持つファンドマネジャーに協力を要請し、
「プロ集団」を結成して運用を行うユニークなファンド。

一般

GCIエンダウメントファンド（成長型）（GCIアセット・マネジメント）

世界各国の株式だけでなく、債券や不動産など、複数の資産に
分散投資ができる。短期的な市場動向に振り回されないよう、リスクを
上手くコントロールしながら運用してくれるので、投資初心者にもおすすめ。

銘柄を選ぶポイントは？ iDeCo編

おなじ「投資信託」でも、iDeCoとNISAではおすすめが違うんですか？

iDeCoとNISA、それぞれで選べる投資信託のラインナップは、サービスを提供する金融機関によって異なるんです。まずはiDeCoから説明しますね。

同時に加入・口座開設するのがベストだけれど、優先順位を付けるなら、まずはiDeCoでしたよね。

そうそう。**iDeCoは投資信託だけでなく、定期預金などの元本確保型商品も選ぶことができます。**最初から掛金を100％投資信託に振り分けることに抵抗がある場合は、定期預金50％、投資信託50％のように、両者を組み合わせても問題ありません。

定期預金も選べるんだ！ 少しずつ投資にチャレンジできるんですね。

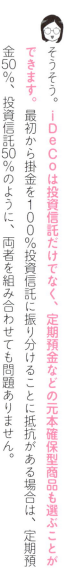

iDeCoは、商品の入れ替え――これを「スイッチング」と呼びます――や配分の変更はいつでもできます。資産運用に慣れてきたら投資信託の割合を増やすなどして、ステップアップしていくことができますよ。

へえ～優しい！ まさに初心者向けですね。

銘柄を選ぶポイントは？ NISA編

つみたてNISAは、投資信託の選択肢が限定されている、かつ、一般NISAよりも年間の非課税上限枠が小さいので、1本で完結する**「オールインワン」のタイプを選んだ方が良い**でしょう。具体的には**コストが安く、しくみがシンプルなインデックス型1本でOK**です。最長20年という長い非課税期間がありますから、**基準価額の値動きが大きい株式型**がおすすめです。

ちなみに、一般NISAでもこちらの銘柄は買えるんですか？

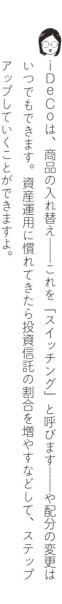

はい。ネット証券の場合、**つみたてNISAの対象銘柄は、原則、一般NISAでも購入可能**ですよ！　手元に貯金があって年間120万円の非課税枠を使い切れそうな方、既にiDeCo、または職場で企業型の確定拠出年金に加入されている方は、一般NISAで幅広いジャンルの投資信託にチャレンジしてみても良いでしょう。

資産運用沼にハマり始めたら、いろいろチャレンジしてもいいのかな。

ここでご紹介している銘柄以外にも、例えばインド株、ロボ・AI関連株、環境関連株など、投資信託は実に様々な種類があります。

おすすめの中からベースにするものを決めて、好きな企業や注目している業界の株をちょっとだけ買うのも楽しそう！

ネット証券なら1銘柄最低100円から購入できますから、関心のある分野にワンコインで投資することも可能ですよ。

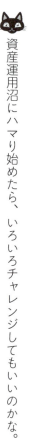

まとめ　不真面目ファイナンス講義を終えて

人生で初めて、ちゃんとお金のことを勉強した気がします。これまで漠然と将来が不安でしたが、先生のおかげで今やるべきこと、これからやっていくべきこと、だいぶわかってきました。もっと早く知っておきたかった～！

それはよかったです！　優先度順でおさらいしていきましょうか。

①月収3カ月分の貯金をつくる →P69

手取り月収の20％を目標に、できる範囲で毎月貯蓄。おすすめの貯め方は、ネット銀行に、毎月、可能な金額を天引きする。資金捻出《ねんしゅつ》が難しいときは「支出パターン」でお金回りを見直し。

←お金が貯まってきたら…

②確定拠出年金（iDeCo）でコツコツ年金積立 ↓P56

節税効果の高いiDeCoを最優先！

掛け金は月5000円から。定期預金などの元本確保型商品も選べる。

慣れてきたら、投資信託の割合を増やす。

←毎月安定して積み立てられるようになってきたら…

③NISA・つみたてNISAを追加して資産運用 ↓P50

商品の幅を重視するなら一般NISA。非課税期間を重視するならつみたてNISA。

「省エネ運用」の投資信託を選んで、しっかり積立。

今すぐ全部はできないけど、できるところから少しずつ始めてみます！　数十年後に野垂れ死なないために……。

そうそう。**「大好きなことで浪費しながらも、しっかりと貯めて、さらに増やす」**を目指してくださいね。

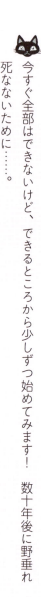

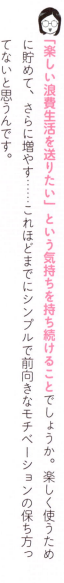

はい！　先生、「貯めながら増やす」ために、一番大切なことってなんですか？

「楽しい浪費生活を送りたい」という気持ちを持ち続けることでしょうか。楽しく使うために貯めて、さらに増やす……これほどまでにシンプルで前向きなモチベーションの保ち方ってないと思うんです。

本当にそうですね！　好きなことに全力でお金を使えるのって心から楽しい！

コンサートが発表されたときの興奮、遠征先を考えるときの高揚感、そして何より、推しに会えたときの感動……お金の心配があったら、そんな気持ちも半減してしまいます。私は、たまたま縁あってお金にまつわる仕事をしていますが、だからといって無限に浪費できるわけではありません。自分なりにやりくりして、スケジュールも調整して、どこへ行くか、グッズは何を買うかなどを考えています。チケットが外れれば落ち込むし、暑くても寒くてもグッズ列に並ぶ……。ひとたび仕事を離れれば、皆さんと同じ、ひとりのオタクで浪費家なんです。

これからも最高の一瞬に出会うためにお財布を温めて生きていかなければ……。一生楽しく浪費し続けられる最高の人生、ここから自分たちの手で作り上げていくぞー！　オー！

おわりに

篠田尚子

突然ですが、私は高校卒業までをアメリカで過ごしました。初めて経験した「沼落ち」は日本語学校の友だちが日本でお土産として買ってきてくれた、「Myojo」という雑誌がきっかけ。インターネットがなかった時代、日本のアイドルなんて全く知らなかった私には、誌面上で繰り広げられる世界が、ただひたすらに輝いて見えました。

大好きなことで浪費しながらも、しっかりと貯めて、さらに増やす。――これらをすべて満たすにはどうすれば良いか。私がファイナンシャルプランナーとして掲げる最大のミッションのルーツは、こんなアメリカでの生活にあります。

アメリカは、GDPの7割弱が個人消費という消費大国です。ゆえに過剰債務などの問題も多いのですが、確実に言えるのは、お金を稼ぐこと、投資して増やすことに貪欲かつオープンな国民性だということ。対して日本は、伝統的に「おこづかい」の文化。与えられた枠の中で考えることは得意でも、積極的にお金を稼いだり、投資で不労所得を得たりすることは苦手な人が多い。今まではそれでもなんとかなっていましたが、これからは確実に自助努力が求められるようになります。ましてや、「一生浪費」したいオタクならなおさら。

好きなことにお金を使うのは決して悪いことじゃない。むしろ、お金を使う人は、その価値が身にしみて分かるからこそ、きちんと貯められるようになります。そこで重要になるのが、本書で何度も取り上げた、お金を貯めるため、増やすための「仕組み」です。貯金や投資が上手くいかない人の多くは、仕組み作りの段階で失敗しています。

本書でご紹介した、数々の社会保障制度やセーフティーネット、そして資産運用のための制度や金融商品は、「ごく一部だけど、確実に押さえておいてほしいもの」ばかりです。興味を持ったことを調べる力、一歩踏み出す行動力があるオタクの習性を信じて、隅々まで細かく解説するよりも、キーワードや重要なポイントを重点的にご紹介するよう努めました。1つでも2つでも、「これは良いかも」と思えるヒントを見つけていただけたら、とても嬉しく思います。

ところで、冒頭の「Myojo」がきっかけで沼落ちしたアイドルは、四半世紀経った今も私の推しです。「一生浪費」、どんどん現実味を帯びてきている気がします。

二〇一九年二月

一《いっ》生《しょう》楽《たの》しく浪《ろう》費《ひ》するためのお金《かね》の話《はなし》

2019年 3月22日 初版第1刷発行
2019年 4月13日 初版第3刷発行

著者 劇団雌猫《げきだんめすねこ》
篠田尚子《しのだしょうこ》
編集 安田薫子
本文DTP 松井和彌
発行人 北畠夏影
発行所 株式会社イースト・プレス
〒101-0051
東京都千代田区神田神保町2-4-7 久月神田ビル
TEL：03-5213-4700
Fax：03-5213-4701
http://www.eastpress.co.jp/
印刷所 中央精版印刷株式会社
装丁 川谷康久
本文デザイン 趙 葵花（川谷デザイン）
イラスト 紀伊カンナ

ISBN978-4-7816-1757-2

Special Thanks 貝塚賢一（東京カルチャーカルチャー）